글 잘 쓰는 어린이를 위한

예쁜 우리말 사전

초판 1쇄 발행 2007년 11월 30일
개정판 1쇄 발행 2020년 9월 1일 ╲**개정판 3쇄 발행** 2025년 8월 10일
글쓴이 박남일 ╲**그린이** 류성민 이승진 조장호

펴낸이 이영선
책임편집 김연수
편집 이일규 김선정 김문정 김종훈 이민재 이현정
디자인 김회량 위수연
독자본부 김일신 손미경 정혜영 김연수 김민수 박정래 김인환
펴낸곳 파란자전거 ╲**출판등록** 1999년 9월 17일(제406-2005-000048호)
주소 경기도 파주시 광인사길 217(파주출판도시) ╲**전화** (031)955-7470 ╲**팩스** (031)955-7469
홈페이지 www.paja.co.kr ╲**이메일** booksea21@hanmail.net

ⓒ 박남일 · 류성민 · 이승진 · 조장호, 2007
ISBN 979-11-88609-45-1 73710

이 도서의 국립중앙도서관 출판예정도서목록(CIP)은 서지정보유통지원시스템 홈페이지(http://seoji.nl.go.kr)와
국가자료공동목록시스템(http://www.nl.go.kr/kolisnet)에서 이용하실 수 있습니다.(CIP제어번호: CIP2020032719)

파란자전거는 도서출판 서해문집의 어린이 책 브랜드입니다. 페달을 밟아야 똑바로 나아가는 자전거처럼
파란자전거는 어린이와 청소년이 혼자 힘으로도 바르게 설 수 있도록 도와줍니다.

어린이제품안전특별법에 의한 제품 표시
제조자명 파란자전거 ╲**제조국** 대한민국 ╲**사용연령** 8세 이상 어린이 제품
▲ **주의** 책의 모서리가 날카로우니 던지거나 떨어뜨려 다치지 않도록 주의하세요.
KC 마크는 이 제품이 공통안전기준에 적합하였음을 의미합니다.

글 잘 쓰는 어린이를 위한

예쁜 우리말 사전

박남일 글
류성민·이승진·조장호 그림

파란자전거

 글쓴이의 말

기쁨아!
엊그제 가을운동회도 끝나고, 햇살 좋은 길가에 늘어선 살사리꽃이 수줍게 고개를 흔드는구나. 벌써 가을이다. 선선한 하늬바람이 불어와, 이제는 네 새까만 이마와 뺨에 송알송알 알땀이 맺힐 일도 없으니 좋겠다. 누런 들판에 잘 익은 알곡처럼, 네 우리말 일기장도 두툼해져서 참 기쁘겠다.
그동안 너는 가끔 짜증을 내며 물었지.
"왜 날마다 우리말 일기를 써야 해?"
그간 미루었던 대답을 해 주마.
미국에 사는 노암 촘스키라는 할아버지 말씀이, 너희만 한 아이들 머릿속에는 '언어 습득 장치'가 들어 있다고 하셨지. 그리고 열세 살쯤 되면 그 장치가 사라져 버린대. 어른에게는 없는 특별한 장치인 셈인데, 그것 때문에 많은 친구들이 영어 공부, 한자 공부 하느라고 무척 힘들어하잖아?
하지만 외국말을 아무리 잘해도 우리말과 글을 잘 쓰지 못

하면 '교양 없는 사람'으로 취급당하고 만단다. 수준 높은 우리말 실력이 밑절미가 되었을 때 외국어 능력도 더욱 빛이 나는 거거든. 어렸을 적에 고운 우리말을 잘 익혀 두어야 하는 까닭이기도 하지.

　기쁨아.

　우리말과 글은, 우리가 늘 들이마시는 공기와 같단다. 깨끗한 공기를 마셔야 몸이 건강하듯, 깨끗한 우리말과 글을 쓰고 살아야 정신이 건강하지. 그리고 느낌이 좋은 말을 많이 쓰면 심성이 절로 고와진대. 또 쉽고, 예쁘고, 세련된 우리말을 익히다 보면 섬세한 감성을 지니게 되어, 당연히 글도 잘 쓰게 된단다.

　울긋불긋한 단풍이 숲을 물들이고 있다. 네 머릿속 '언어 습득 장치'도 우리말의 아름다운 빛깔로 곱게 물들었으면 좋겠구나. 그동안 '우리말 일기' 쓰느라고 애썼다.

　사랑한다, 내 딸 기쁨아. 그리고 이 땅의 모든 기쁨이들아!

차례

글쓴이의 말 · 4

제1부 하늘과 땅

01 해님이 뜨고 지고 · 12
갓밝이 · 12 | 돋을볕과 돋을양지 · 13 | 볕뉘 · 14 | 해돋이와 해넘이 · 15
햇무리와 달무리 · 16 | 햇살과 햇발 · 17 | 해거름 · 18 | 검기울다 · 19

02 달과 별이 빛나요 · 22
손톱달 · 22 | 으스름달 · 23 | 개밥바라기와 샛별 · 24 | 붙박이별과 닻별 · 25
살별과 별똥별 · 26 | 여우별 · 27 | 싸라기별과 잔별 · 28 | 미리내 · 29

03 땅은 넓어요 · 32
땅별 · 32 | 풀벌 · 33 | 푸서리 · 34 | 터앝과 텃밭 · 35 | 둔치 · 36
말림갓 · 37 | 너럭바위와 선바위 · 38 | 노루막이와 누에머리 · 39

04 길을 따라 걸어요 · 42
고샅길과 실골목 · 42 | 속길과 한길 · 43 | 뒤안길 · 44 | 지름길과 에움길 · 45
길섶과 갓길 · 46 | 허방 · 47 | 어김다리 · 48 | 가풀막 · 49

제2부 날씨와 때

01 바람이 윙윙, 구름이 두둥실 · 54
잎샘바람과 꽃샘바람 · 54 | 높새바람 · 55 | 바람꽃 · 56 | 하늬바람과 마파람 · 57
꽃구름과 매지구름 · 58 | 삿갓구름 · 59 | 솔개그늘 · 60 | 잠포록하다 · 61

02 세상을 촉촉하고 포근하게 해요 · 64
개미장 · 64 | 목비과 먼지잼 · 65 | 비꽃 · 66 | 가랑비와 이슬비 · 67
함박눈과 싸라기눈 · 68 | 살눈과 길눈 · 69 | 숫눈 · 70 | 서리꽃 · 71

03 물이 모여 흐르고 · 74
가람 · 74 | 선샘과 옹달샘 · 75 | 개울 · 76 | 여울 · 77 | 샛강 · 78 | 개 · 79
알섬과 염 · 80 | 밀물과 썰물 · 81 | 메밀꽃과 까치놀 · 82 | 너울 · 83

04 때가 바뀌어요 · 86
철 · 86 | 따지기 · 87 | 찔레꽃머리 · 88 | 나무말미와 빨래말미 · 89
찬바람머리 · 90 | 서리가을 · 91 | 사리와 조금 · 92 | 한겻과 해껏 · 93

제3부 동식물과 사물

01 숨 쉬며 살아요 · 98
숨탄것 · 98 | 길짐승과 날짐승 · 99 | 서리병아리와 솜병아리 · 100
부등깃과 바람칼 · 101 | 비게질과 땅까불 · 102 | 털붙이 · 103
풀치와 고도리 · 104 | 붕장어 · 105

02 곱게, 푸르게 자라요 · 108

푸새와 남새 · 108 | 장다리꽃 · 109 | 개똥참외 · 110 | 꽃다지 · 111
버즘나무와 방울나무 · 112 | 나무초리와 우듬지 · 113 | 보굿 · 114
꽃보라 · 115 | 아람과 똘기 · 116 | 살사리꽃 · 117

03 이런 모습, 저런 쓰임새 · 120

보람과 살피 · 120 | 가을부채 · 121 | 시나브로와 곰비임비 · 122 | 샐쭉하다 · 123
마디다와 모지라지다 · 124 | 옹글다 · 125 | 성기다와 배다 · 126 | 달걀가리 · 127
사위다와 사르다 · 128 | 꽃불과 잉걸 · 129 | 생게망게하다 · 130 | 짱짱하다 · 131

제4부 사람의 몸과 마음

01 우리 몸은 소중해요 · 138

내림 · 138 | 삭신 · 139 | 활개 · 140 | 무살과 대살 · 141 | 염통 · 142
강똥과 물찌똥 · 143 | 민낯 · 144 | 군침과 도리깨침 · 145

02 몸짓이 예뻐요 · 148

발장구 · 148 | 몸태질 · 149 | 까치발 · 150 | 까치걸음 · 151 | 나비눈 · 152
손갓 · 153 | 손사래 · 154 | 기지개 · 155

03 마음도 예뻐요 · 158

애면글면하다 · 158 | 낫낫하다 · 159 | 가리사니 · 160 | 결기 · 161 | 알심 · 162
애오라지 · 163 | 미쁘다 · 164 | 내리사랑과 치사랑 · 165 | 애잔하다 · 166
보짱과 배짱 · 167

04 사람을 빗대어 불러요 · 170

검정새치 · 170 | 고드름장아찌 · 171 | 두절개 · 172 | 윤똑똑이 · 173
불땔꾼 · 174 | 돌림쟁이 · 175 | 고바우와 자린고비 · 176 | 사시랑이와 깍짓동 · 177

제5부 모둠과 살이

01 사이좋게 살아요 · 182
동아리 · 182 | 두레 · 183 | 모꼬지 · 184 | 모둠과 모람 · 185
해포이웃과 삼이웃 · 186 | 너나들이 · 187 | 알음 · 188 | 여의다 · 189
풋낯 · 190 | 한속과 한올지다 · 191

02 예쁘게 입고, 맛있게 먹어요 · 194
난든벌 · 194 | 진솔 · 195 | 오지랖 · 196 | 치레거리 · 197
진지와 입시 · 198 | 쥐코밥상 · 199 | 초다짐과 입가심 · 200
소나기밥 · 201 | 칼제비 · 202 | 차림표 · 203

03 땀 흘려 일해요 · 206
난든집 · 206 | 갈무리 · 207 | 겨끔내기 · 208 | 풀땜질 · 209
꼭짓집 · 210 | 드팀전 · 211 | 헛가게 · 212 | 뒤쓰레질 · 213 | 연모 · 214
날붙이 · 215 | 줏대 · 216 | 양냥이줄 · 217

04 즐겁게 공부해요 · 222
톺아보다 · 222 | 밑글 · 223 | 돋을새김 · 224 | 바림(질)과 피우기 · 225 | 속긋 · 226
적바림 · 227 | 찌 · 228 | 한무릎공부 · 229 | 글속 · 230 | 뜻매김하다 · 231

05 재미있게 놀아요 · 234
이박기와 부럼 · 234 | 고누 · 235 | 먹국 · 236 | 보리바둑 · 237 | 가댁질 · 238
풍계묻이 · 239 | 비사치기 · 240 | 물수제비뜨기 · 241

찾아보기 · 244

여줄가리 올림말

고지랑물　더러운 것이 섞여 있어 깨끗하지 못하거나 썩은 물.

동트다　동쪽 하늘이 훤하게 밝아 오다.

뭇별　많은 별.

사립짝　나무를 엮어서 만든 문짝.

솔버덩　소나무가 무성하게 들어선, 높고 평평한 들판.

이즈막　얼마 전부터 이제까지에 이르는 가까운 때, 요즈음.

제1부

하늘과 땅

해는 온 세상을 밝고 따뜻하게 비추어 줍니다. 그래서 해에 대한 우리말이 참 많습니다. 또 밤하늘을 수놓은 수많은 별과 달이 예쁜 우리말 이름을 빛내며, 우리의 어두운 밤길을 비추어 줍니다.

> 해님이 뜨고 지고

01 갓밝이

새벽 동틀 무렵의 희끄무레한 상태. 지금 막 밝아진 때.

날이 막 밝을 무렵을 한자말로 여명(黎明)이라고 합니다. 여명을 우리말로는 갓밝이라고 하지요. 아직 해가 뜨지 않은 '동트는 새벽'을 말합니다.

갓밝이는 '밝다' 앞에 '지금 막'이라는 뜻을 가진 꾸밈말 '갓'이 붙어서 된 말입니다. '갓난아기'의 '갓'도 같은 이치입니다. 또 '갓 스물', '갓 서른'은 이제 막 스무 살, 서른 살이 되었다는 말이에요.

왜 지각을 했니?

부모님께서 에 일을 나가셔서 쿨쿨 늦잠을 자고 말았어요.

02 돋을볕과 돋을양지

돋을볕   해돋이 무렵 처음으로 솟아오르는 햇볕.
돋을양지   돋을볕이 잘 드는 양지바른 곳.

해님이 살며시 이마를 내밀어요. 어둠을 밀어내고 돋을볕이 솟으면 햇살이 부챗살처럼 퍼지지요. 돋을볕을 '햇귀'라고도 합니다. 돋을볕은 힘차게 느껴지고, 햇귀는 매우 소중하게 느껴지지요.
한편, 돋을볕이 잘 드는 양지바른 곳을 돋을양지라고 합니다. 신라의 찬란한 유적인 석굴암은 돋을볕이 잘 드는 돋을양지에 자리하고 있어요. 아침이면 굴 안에 돋을볕이 들어 신비한 분위기가 느껴져요.

 돋을볕이 잘 드는 바닷가 언덕배기 **돋을양지**에 하얀 집을 지어서 살고 싶어요.
우리 꼭 그런 집에서 살아요.

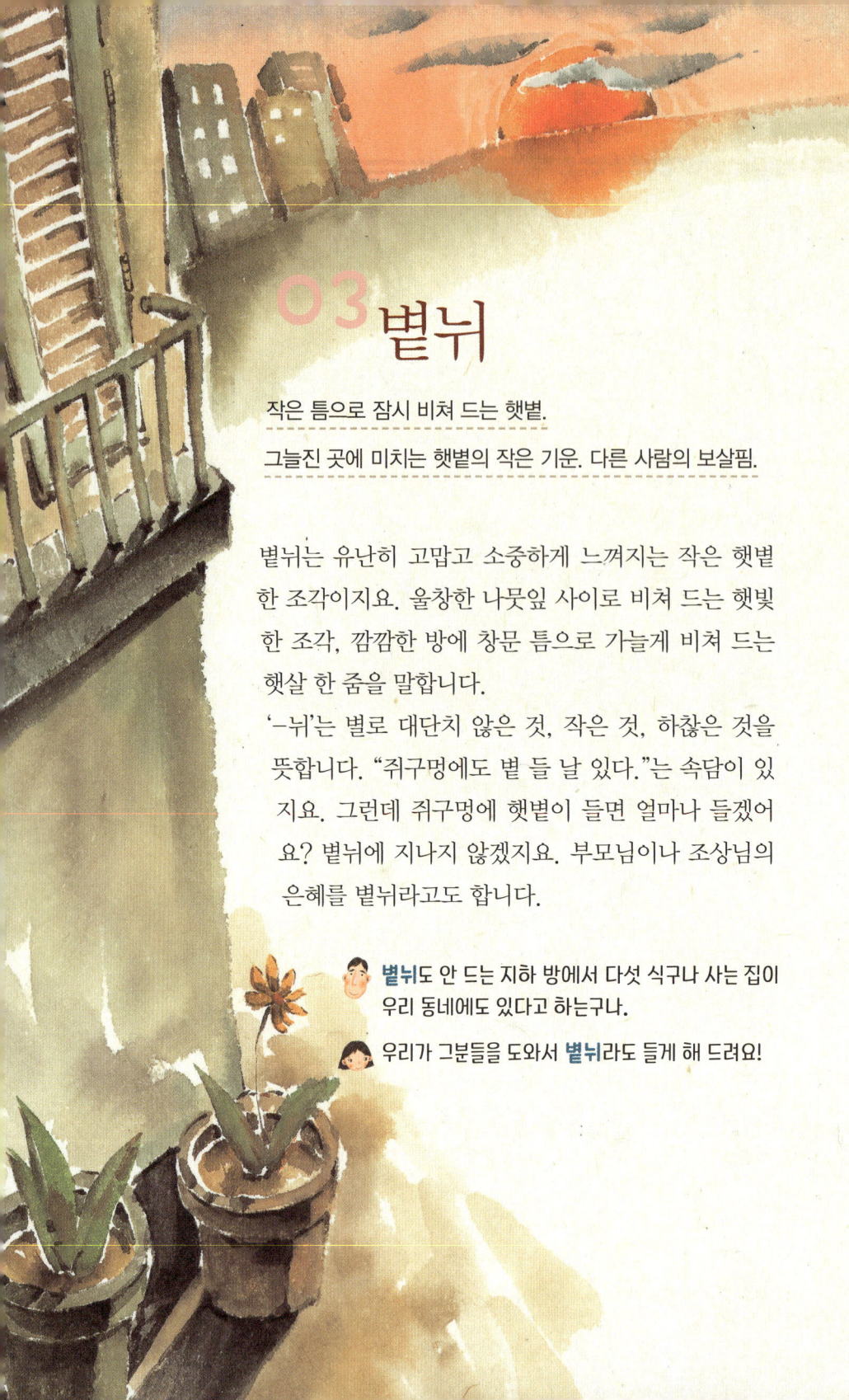

03 볕뉘

작은 틈으로 잠시 비쳐 드는 햇볕.
그늘진 곳에 미치는 햇볕의 작은 기운. 다른 사람의 보살핌.

볕뉘는 유난히 고맙고 소중하게 느껴지는 작은 햇볕 한 조각이지요. 울창한 나뭇잎 사이로 비쳐 드는 햇빛 한 조각, 깜깜한 방에 창문 틈으로 가늘게 비쳐 드는 햇살 한 줌을 말합니다.

'-뉘'는 별로 대단치 않은 것, 작은 것, 하찮은 것을 뜻합니다. "쥐구멍에도 볕 들 날 있다."는 속담이 있지요. 그런데 쥐구멍에 햇볕이 들면 얼마나 들겠어요? 볕뉘에 지나지 않겠지요. 부모님이나 조상님의 은혜를 볕뉘라고도 합니다.

볕뉘도 안 드는 지하 방에서 다섯 식구나 사는 집이 우리 동네에도 있다고 하는구나.

우리가 그분들을 도와서 **볕뉘**라도 들게 해 드려요!

04 해돋이와 해넘이

해돋이 해가 막 돋아 오르는 때.

해넘이 해가 막 넘어가는 무렵.

새해 첫날 해돋이는 특별한 느낌이 듭니다. 그래서 해맞이를 위하여 수많은 사람들이 동해 바다로 떠납니다. 떠오르는 해를 보며 한 해 소원을 빌러 가지요. 우리나라에서 가장 일찍 해돋이가 시작되는 곳은 어디일까요? 바로 독도입니다.

이즈막에는 섣달그믐에 해넘이를 보러 서해 바다로 가는 사람이 많다고 합니다. 더불어 남해 바다에 있는 어떤 섬에서는 해돋이와 해넘이를 같은 자리에서 볼 수 있답니다.

🧒 이번 연말에는 동해안에 가서 **해돋이** 구경해요!

👧 난 서해안에 가서 **해넘이** 보고 싶어. 그게 훨씬 멋지거든.

🧑 허허, 그럼 아예 남쪽 바다로 가서 둘 다 보자꾸나.

05 햇무리와 달무리

햇무리 햇빛이 공기 중에 있는 수증기에 비치어 해 둘레에 둥글게 나타나는 테두리.

달무리 달 언저리에 둥그렇게 생기는 구름 같은 허연 테.

하늘에 떠 있는 해를 쳐다보세요. 맑은 날에는 너무 눈이 부시지요. 하지만 안개나 옅은 구름 속에 햇무리가 졌을 때는 맨눈으로도 둥그런 해를 볼 수 있답니다.

햇무리는 해의 둘레를 둥글게 감싼, 빛깔이 있는 테두리를 말합니다. 줄여서 햇물이라고 하고, 한자말로는 일훈(日暈)이라고 해요. 참 어려운 말이지요. 밤에 보름달 둘레에 무지갯빛으로 둥글게 나타나는 테두리는 달무리라고 합니다.

- **햇무리**가 지는 걸 보니 비가 오려나 봐요.
- 그러게 말이다. 어젯밤에는 **달무리**가 지더니, 오늘 낮엔 **햇무리**가 지는구나.

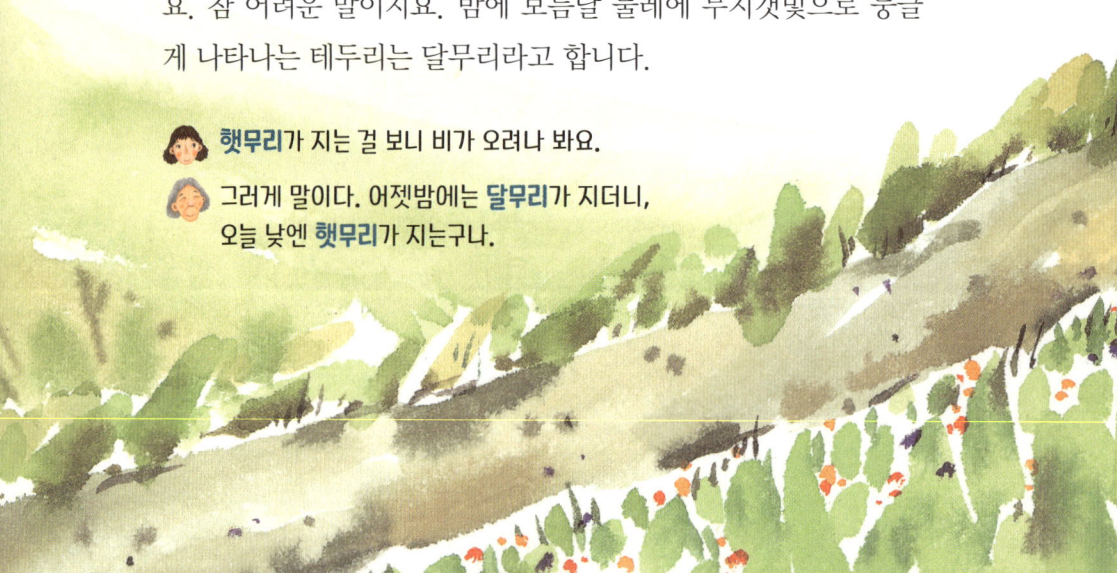

06 햇살과 햇발

햇살   해가 내쏘는 빛줄기.
햇발   사방으로 뻗친 햇살.

햇발과 햇살은 둘 다 해가 내쏘는 빛줄기를 가리키는 말입니다. 하지만 느낌이 조금 다르지요. 빛줄기가 부드럽고 따사하게 느껴지면 햇살, 기세 좋게 뻗치는 느낌이 들면 햇발이지요.
햇발은 부챗살처럼 사방으로 퍼지는 햇빛입니다. 빗발, 눈발, 서릿발처럼 날씨와 관련된 말에 '-발'이 붙으면 당찬 기운을 나타내요. 이에 비하여 햇살은 화살처럼 곧게 쏟아지는 빛줄기입니다. 햇발을 노래한 김영랑의 시 한 쪽 느껴 볼까요?

돌담에 속삭이는 **햇발**같이
풀 아래 웃음 짓는 샘물같이
내 마음 고요히 고운 봄길 위에
오늘 하루 하늘을 우러르고 싶다.

07 해거름

해가 서쪽으로 기울 무렵.

해돋이에서 해넘이까지, 시간의 흐름을 나타내는 예쁜 우리말이 많아요. 그중에 해거름은 해넘이보다 조금 앞선 때를 말합니다. 서쪽 산마루, 또는 커다란 나뭇가지에 해가 걸려 있는 것처럼 보일 때지요.

해거름은 '해'와 '거르다'가 결합된 말입니다. '끼니를 거르다.'처럼 '거르다'는 차례대로 하는 일을 한 번 빼먹고 넘어가는 것을 말합니다. 별로 해 놓은 일도 없이 하루가 건너뛰듯 지나가 버리면 왠지 허전한 느낌이 들지요? 그런 때가 바로 해거름입니다.

- 해거름이 되도록 밖에서 놀기만 하다가 이제 들어온 거니?
- 아직 해넘이도 안 되었어요. 엄마 너무해요.

08 검기울다

검은 기운이나 먹구름이 퍼져 해를 가리고 날이 점점 어두워지다.

하늘에 떠 있는 짙은 먹구름이 해를 가리면 대낮에도 세상이 어둑해요. 소나기가 내리기 전에 그렇지요? 또 해가 지평선 너머로 잠기기 시작하면 어스름한 땅거미가 깔립니다. 이처럼 검은 기운이 차차 퍼져서 날이 껌껌해지는 것을 일컬어 검기운다고 합니다.
대낮에 갑자기 검기울면 비를 피할 곳을 찾아야 하지요. 해넘이가 지나도록 정신없이 놀다 보면 어느새 세상이 검기울어요. 더 어둡기 전에 어서 집으로 돌아가야 합니다.

- 날이 **검기우는** 것을 보니 오늘은 산에 가지 말아야겠어.
- 그럼, 저랑 놀이터에서 공 차고 놀아요!

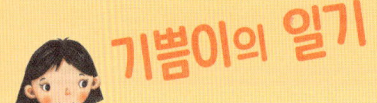 기쁨이의 일기

○월 ○일 ○요일

환경미화원 아저씨들은 고마운 분들이다.
갓밝이에 벌써 동네 골목을 구석구석 청소해 주신다.

○월 ○일 ○요일

새해 첫날, 가족 모두 바닷가로 해맞이를 갔다.
바다 물결 위로 **돋을볕**이 오르자 사람들은 모두 "와-" 하며 함성을 질렀다.

○월 ○일 ○요일

나랑 숨바꼭질을 하던 동생은 **볕뉘**도 들지 않는 옷장 속 깊이 숨었다. 그러다가 무서워서 "으앙-" 하고 울음을 터뜨렸다.

○월 ○일 ○요일

갓밝이에 일하러 가신 부모님은 **해넘이**에도 오지 않으셨다.
나는 동생과 함께 배가 고파서 울다가 잠이 들고 말았다.

○월 ○일 ○요일

동생과 싸우고 나서 아빠에게 야단을 맞았다.
너무 속이 상해서 밖으로 나가 하늘을 쳐다보았다.
부연 하늘에 **햇무리**가 져 있었다. 어지러웠다.

○월 ○일 ○요일

동쪽 산등성이 너머로 부챗살 같은 **햇발**이 치솟아 올랐다.
우리는 간단하게 아침을 먹은 뒤, 등에 **햇살**을 받으며
산에 올랐다.

○월 ○일 ○요일

해거름에 살랑살랑 찬바람이 불어왔다. 손이 시릴 만큼 차가웠다.
이제 곧 겨울이 올 모양이다.

○월 ○일 ○요일

아빠가 갑자기 직장을 그만두신 날, 엄마 얼굴이 **검기울었다**.
하지만 다음 날 아침에 엄마는 웃는 얼굴로 우리를 대하셨다.

달과 별이 빛나요

01 손톱달

손톱처럼 생긴 초승달이나 그믐달.

옛적에 달을 무척 좋아하는 공주가 있었답니다. 공주는 나뭇가지에 걸려 있는 달을 따 달라고 임금님께 마구 졸랐어요. 그러자 임금님은 손톱만 한 초승달 모양으로 브로치를 만들어 주었답니다. 그래서 손톱달이 된 거지요.

달은 금방 손을 뻗으면 잡을 수 있을 듯합니다. 사람들에게 가깝게 느껴지지요. 그래서 옛적에 중국의 어떤 시인은 연못에 비친 달을 건지려다가, 그만 물에 빠져 죽고 말았답니다.

- 엄마, 오늘은 왜 달이 저렇게 배가 홀쭉해요?
- **손톱달**은 조금씩 어둠을 삼키지. 그래서 배가 부르면 보름달이 되는 거란다.

02 으스름달

으스름하게 비치는 달.

달은 참 용감합니다. 어두운 밤길을 비추어 주고, 잠든 이들의 머리맡을 지켜 주지요. 하지만 달도 밤이 무서울 때가 있나 봐요. 달빛이 침침하고 흐릿해 보일 때가 있거든요. 그런 때를 '으스름하다'고 합니다. 으스름한 빛을 내는 달을 으스름달이라고 하지요.
달안개가 낀 새벽녘이나 흐린 날에 으스름달을 볼 수 있지요. 으스름달은 무척 스산하고 찬 기운이 느껴지는 달입니다.

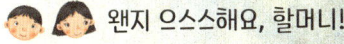 그날 밤 **으스름달**이 떠 있는데, 솔버덩에 바람이 휘휘 불고 갑자기 뭐가 뚝, 하고 부러지는 소리가 나는 거야!

왠지 으스스해요, 할머니!

03 개밥바라기와 샛별

개밥바라기 해 진 뒤에 서쪽 하늘에 반짝이는 금성.

샛별 새벽 동쪽 하늘에 반짝이는 금성.

금성은 가장 밝은 별이지요. 그래서 이름도 많답니다. 해가 진 뒤 서쪽 하늘에 뜨면 개밥바라기, 새벽에 동쪽 하늘에서 반짝이면 샛별, 또는 계명성이에요.

'바라기'는 작은 그릇입니다. 그러니까 개밥바라기는 '개밥을 담는 작은 그릇'이지요. 새벽에 샛별을 보며 일터에 나간 주인은 저녁이 되어도 돌아오지 않네요. 배가 고픈 강아지는 빈 밥그릇을 핥다가, 하늘에 떠 있는 별을 쳐다보며 멍멍 하고 짖습니다. 그래서 개밥바라기지요.

🙂 우리 기쁨이 눈은 **샛별**처럼 예뻐.

🙂 제 눈에는 **개밥바라기** 같은데요.

🙂 요 녀석이 누나를 놀려?

04 붙박이별과 닻별

붙박이별 위치를 바꾸지 아니하는 별. 북극성.

닻별 카시오페이아자리의 다른 이름.

별은 시간에 따라 떠 있는 자리가 달라 보입니다. 지구가 돌기 때문이지요. 그런데 늘 그 자리에서 빛나는 별이 하나 있어요. 지구 자전축과 곧게 이어진 곳에 있는 북극성이지요. 이 북극성을 붙박이별이라고 합니다.

붙박이별을 중심으로 북두칠성과 이지러진 대칭을 이루는 W자 모양의 '카시오페이아자리'가 있어요. 북두칠성과 함께 잘 보이는 별자리지요. 이 별자리를 우리나라에서는 닻별이라 부릅니다. 별자리가 닻 모양을 닮았거든요.

🧑 당신은 내 마음속 **붙박이별**이오.
👧 그럼 당신은 나를 따라 도는 **닻별**인가요?

05 살별과 별똥별

살별 긴 꼬리에 빛을 내며 태양 주위를 포물선이나 타원형으로 도는 별, 혜성.

별똥별 유성(流星)의 우리말.

해 둘레를 따라 도는 별(행성)들은 대개 제자리에서 작은 점 모양으로 빛을 내지요. 하지만 살별은 빛나는 긴 꼬리를 끌고 일정한 주기로 태양 주위를 돕니다. 그래서 꼬리별이라고도 해요. 한자 말로는 혜성(彗星)이랍니다. 76년마다 하늘에 나타나는 '핼리 혜성'도 살별이지요.

살별과 별똥별은 다릅니다. 먼 하늘의 먼지 덩어리가 빠르게 떨어지면서 공기와 부딪쳐 내는 빛이 별똥별이에요. 별똥별이 땅에 떨어진 것을 운석, 즉 별똥돌이라고 하지요.

옛날엔 **살별**이나 **별똥별**을 보고 혼불이라고 했단다. 누군가 죽어서 영혼이 나가는 것이라고 생각했지.

06 여우별

굿은날 구름 사이로 잠깐 났다가 사라지는 별.

우리 옛이야기에는 여우가 자주 나옵니다. '백 년 묵은 여우'도 나오고, '꼬리가 아홉 달린 여우'도 나오지요. 그 여우들은 제 모습을 바꾸어 사람을 홀리지요. 또 하는 짓이 깜찍하고 영악한 사람을 빗대어 여우라고도 합니다.

여우는 주둥이가 길고 몸이 홀쭉하여 매우 날렵해 보이지요. 실제로 여우는 몸짓이 매우 민첩하답니다. 언뜻 눈앞에 보이다가, 꼬리를 살래살래 흔들면서 눈 깜짝할 사이에 사라져 버리지요. 그래서 굿은날 잠깐 나타났다가 구름 속에 숨어 버리는 별을 여우별이라고 합니다.

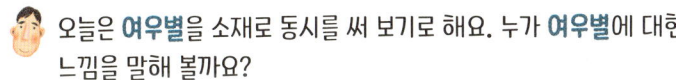

오늘은 **여우별**을 소재로 동시를 써 보기로 해요. 누가 **여우별**에 대한 느낌을 말해 볼까요?

여우별은 가장 외로운 별이에요. 그래서 가엾어요.

07 싸라기별과 잔별

싸라기별 싸라기처럼 아주 잘게 보이는 별. 잔별.

잔별 작은 별.

싸라기는 쌀 부스러기입니다. 쌀은 한 톨도 소중하지요. 그래서 싸라기는 자잘하지만 귀한 것을 뜻합니다. '금싸라기'라는 말도 그래서 생겼어요. 또 밤하늘을 아름답게 수놓은 잔별을 싸라기별이라고 하는 것도 그런 까닭입니다.

하늘에는 헤아릴 수 없을 정도로 수많은 별이 있어요. 그중에 샛별이나 붙박이별처럼 이름을 가진 별은 그리 많지 않아요. 그 밖에 이름 없는 별은 모조리 잔별이거나 싸라기별이지요. 그런데 잔별보다는 싸라기별이 훨씬 더 느낌이 살아 있답니다.

 저는 희미한 **잔별**이 아니라, 빛나는 샛별이 되고 싶어요.

 한평생 이름 없이 살다 간 사람도 밤하늘에 **싸라기별**만큼이나 많단다.

08 미리내

남북으로 길게 강물처럼 펴져 있는 별 무리, 은하수의 제주 방언.

맑은 날 밤하늘을 보세요. 잔별, 싸라기별 수억 개가 강물처럼 흐르지요. 바로 은하수랍니다. '은빛 강물'이라는 뜻이지요. 사실 은하수는 커다란 소용돌이 모양입니다. 이것을 옆에서 바라보면 기다란 강이 흐르는 것처럼 보여요.

제주도에서는 은하수를 미리내라고 한답니다. 미리내의 '미리'는 우리 옛말 '미르'가 변한 말입니다. 미르는 상상의 동물인 용을 말해요. 그러니까 미리내는 '용의 내'라는 뜻이에요. 미리내는 조상님의 상상력이 깃든 말입니다. 느낌도 좋고요.

- 우리 눈으로 볼 수 있는 것 중에서 가장 큰 것은 무얼까?
- 은하수, 아니 **미리내**요.
- 딩동댕!

 기쁨이의 일기

○월 ○일 ○요일

며칠 전 해님이네 가족과 산으로 야영을 갔다. 하늘에는
별이 수도 없이 많았고, 산등성이에는 **손톱달**이 걸려 있었다.
멋진 풍경이었다.

○월 ○일 ○요일

한밤중에 오줌이 마려워서 일어났다. 동네는 짙은 안개에
싸여 있고, 지붕 위로는 **으스름달**이 떠 있었다.
어디선가 귀신이 나올 것만 같았다.

○월 ○일 ○요일

학교에서 늦게 공부를 마치고 집으로 돌아갈 때쯤에는
서쪽 하늘에서 **개밥바라기**가 반짝반짝 빛나고 있었다.

○월 ○일 ○요일

밤하늘에서 **붙박이별**을 찾는 것은 그리 어렵지 않았다.
북두칠성의 국자 바가지 끝을 이어 가다 보면 **붙박이별**이
나오고, 다시 비슷한 거리만큼 떨어진 곳에 **닻별**이 있었다.

○월 ○일 ○요일

엄마가 병이 다 나으셔서 퇴원을 하셨다. 내 마음속에서
수많은 불꽃들이 터져 올랐다. 하늘에서는 **별똥별**이 떨어져
내리고 있었다.

○월 ○일 ○요일

구름 사이로 가끔씩 **여우별** 하나가 반짝 나왔다가 금방
구름 속에 묻혀 버리곤 했다.

○월 ○일 ○요일

하늘에는 **싸라기별**이 가득했다. 나는 마음속에 그 별들을
쓸어 담으며 생각했다. 수많은 별 가운데 이름을 가진
별이 몇이나 될까?

○월 ○일 ○요일

깜깜한 밤하늘에 **미리내**가 흐르고 있었다.
한 달 전에 돌아가신 할아버지께서는 **미리내**를 건너
하늘나라로 가셨을 거라고 생각했다.

> 땅은 넓어요

01 땅별

지구를 별에 빗대어 일컫는 말.

우리가 살고 있는 지구도 뭇별 가운데 하나랍니다. 그래서 땅별이라고 부르지요. 땅별은 해에서 세 번째로 가까운 행성으로, 나이가 45억 살이나 됩니다. 우주에서 오직 땅별에만 사람과 동물이 살고 있지요. 그런 까닭에 땅별을 초록별이라고도 합니다.

땅별은 스스로 회전하면서 해 둘레를 돕니다. 그리하여 낮과 밤이 생기고, 봄 여름 가을 겨울이 생기는 것이지요. 땅별은 그 자체가 커다란 생명체입니다. 그런데 사람들이 공기와 물을 오염시키고, 땅을 함부로 파헤쳐서 땅별을 병들게 하고 있어요. 땅별을 우리 몸처럼 아껴야 할 터인데.

- 마구 개발을 하여 **땅별**이 병들어 갈 때 우리들 건강과 생명도 조금씩 죽어 간단다.
- **땅별**이 불쌍해요. 이제부터 쓰레기 하나라도 함부로 버리지 않겠어요.

02 풀벌

풀이 나 있는 넓은 들판, 초원(草原).

'벌'은 넓고 평평하게 생긴 땅입니다. 거기에 풀이 많이 자라나면 풀벌이 됩니다. 우리나라는 땅이 넓지 않아서 풀벌을 보기 어렵지요. 편편한 땅은 거의 다 일구어서 논밭을 만들어 곡식을 심으니까요. 그래서 푸른 풀벌에 그림 같은 집을 짓고 살기가 쉽지 않아요.

풀벌은 들과 뜻이 조금 다릅니다. 들은 주로 논이나 밭으로 되어 사람들 발길이 자주 드나드는 곳입니다. '평야'라고도 하지요. 하지만 벌은 발길이나 손길을 타지 않은 자연 상태 그대로의 땅을 말합니다. 예를 들어 '거친 들판'보다는 '거친 벌판'이라는 표현이 더 자연스러워요.

 열대의 사바나에 넓게 펼쳐진 **풀벌**은 온갖 짐승의 낙원이란다.

 그 **풀벌**을 밭으로 만들어 곡식을 심으면 안 되나요?

 그건 **풀벌** 주인인 짐승들에게 물어봐야지.

03 푸서리

잡풀이 무성하고 거친 땅.

푸서리는 풀과 서리를 더한 말입니다. '풀'의 'ㄹ'이 떨어지면서 푸서리가 된 것이지요. 푸새, 푸성귀도 그런 이치로 만들어진 말입니다. '홀하게 대접하다.'는 뜻의 '푸대접'이라는 말도 '고기 대접'에 반대되는 '풀 대접'을 이르는 말이에요. 맛없는 음식으로 대접한다는 뜻입니다.

'서리'는 무엇이 많이 모여 있는 것의 '사이'를 뜻하는 말입니다. 한자말 '간(間)'을 뜻하는 사이의 옛말이지요. 그래서 '인간'을 순우리말로 풀어 보면 '사람 서리' 또는 '사람 사이'가 됩니다. 인간은 한 사람이 아니라 '무수히 많은 사람의 무리'를 이르는 말이니까요.

👦 할머니, 고양이 어디 갔어요?
👵 네가 하도 귀찮게 해서 울타리 뒤 **푸서리**에 숨어 버렸나 보다.

04 터앝과 텃밭

터앝 집 울타리 안에 있는 작은 밭.

텃밭 집터에 딸리거나 집 가까이 있는 밭.

텃밭은 집과 가까이 있지만, 울타리나 담 밖에 있는 밭입니다. 반면에 터앝은 담장이나 울타리 안에 있는 밭이지요. 여러 가지 꽃을 심은 꽃밭도 터앝의 한 가지라고 할 수 있어요. 터앝은 참 알뜰한 땅입니다. 손바닥만 한 땅이라도 그냥 놀리지 않고, 찬거리가 될 만한 채소 따위를 가꾸는 땅이 바로 터앝이거든요.

요즘 도시에서도 건물 옥상 같은 데에 채소거리를 조금씩 심어 놓은 것을 가끔 볼 수 있습니다. 이것도 터앝이라고 할 수 있어요. 이처럼 터앝은 사람들 마음이 아기자기하게 움터 오르는 땅이지요.

 댁네 강아지가 우리 **터앝**을 다 밟아 놓았지 뭐예요!

 말도 말아요. 어제 그 댁 송아지가 우리 **텃밭**을 진창으로 만들어 버렸어요!

05 둔치

강, 호수 등 물가의 가장자리나 둔덕진 곳.

둔치는 예전의 '고수부지(高水敷地)'라는 어려운 한자말을 제치고 훌륭하게 되살아난 우리말이지요. 언뜻, 사람의 눈으로 보기에 둔치는 눅눅한 모래흙에 무성한 잡풀이 우거져 있어서 마치 쓸모없이 버려진 땅처럼 보이지만 사실은 생태계에 무척 중요한 곳이랍니다.

둔치는 뭍에서 흘러나온 고지랑물을 걸러서 깨끗하게 해 주지요. 또 개구리와 같은 양서류가 사는 곳이랍니다. 그러나 오늘날 많은 둔치가 콘크리트에 덮여 버리고 말았어요. 죽은 땅이 되어 버린 둔치를 자연 그대로 되살려야 할 것입니다.

안 됩니다. **둔치**는 사람 몸속의 콩팥 같은 일을 하니까 자연 상태로 둬야 합니다.

앞강 **둔치**를 포장하여, 주민을 위한 주차장과 체육공원을 만들어야 합니다.

06 말림갓

나무나 풀을 함부로 베지 못하게 하여 가꾸는 땅이나 산.

말림갓을 줄여서 '말림' 또는 '갓'이라고 합니다. 말림갓에는 '나무갓'과 '풀갓'이 있지요. 나무갓은 나무를 못 베어 내게 하는 곳이고, 풀갓은 풀을 베지 못하도록 하는 곳입니다. 오늘날 '개발제한구역' 또는 '그린벨트(녹지대)'와 비슷한 뜻입니다.

조선 시대 초기에도 이미 '금산(禁山)'이라는 강력한 자연 보호 제도가 있었답니다. 금산 안에서는 나무하기, 돌 캐기, 흙 퍼 가기, 집짓기는 물론이고 심지어는 농사도 짓지 못하였답니다. 이 금산을 우리말로 말림갓이라고 합니다. 함부로 해치지 못하게 '말리는' 곳이지요.

- 도시 주변 **말림갓**에 집이나 공장을 지어서 일자리를 늘려야 해요.
- **말림갓**을 없애면 생태계가 무너지고 공기도 나빠져요.

07 너럭바위와 선바위

<u>너럭바위</u>   넓고 평평한 바위.

<u>선바위</u>   산과 들, 또는 물 가운데 홀로 우뚝 선 큰 바위.

돌은 크기에 따라 부르는 이름이 다릅니다. 작은 돌멩이는 자갈, 자갈보다 크고 한 손에 쥘 만한 돌은 돌멩이, 돌멩이보다는 크고 바위보다 작은 돌은 돌덩이라고 합니다. 그리고 가장 큰 돌은 바위입니다. 순서를 매기면, 자갈 < 돌멩이 < 돌덩이 < 바위 순이지요. 너럭바위는 한자말로 흔히 반석(盤石)이라 하고, 선바위는 한자말로 입암(立岩)이라고 하지요. 그래서 우리나라 여러 지방에는 '입암리'라는 마을 이름이 많습니다. '선바위가 있는 마을'이라는 뜻입니다. 또 그런 마을에는 흔히 선바위에 얽힌 전설이 전해 오지요.

 저기 **너럭바위**에 앉아서 잠시 쉬었다 가세.

 조금 더 가세. 저 모퉁이만 돌아서면 **선바위**가 나오는데, 바로 옆에 주막이 있다네.

08 노루막이와 누에머리

노루막이 막다른 산마루.

누에머리 산봉우리의 한쪽이 누에의 머리 모양으로 쑥 솟은 산꼭대기.

노루는 겁이 많아서 제 방귀 소리에도 놀라 도망을 친답니다. 대신 뜀박질을 잘해요. 힘센 짐승이 쫓아오면 산비탈을 거슬러 도망을 치지요. 하지만 노루에게 산꼭대기는 막다른 곳입니다. 내리막길을 잘 못 달리거든요. 그래서 막다른 산꼭대기를 노루막이라고 해요.

한편, 산 모양이 갑자기 쑥 솟아오른 산꼭대기를 누에머리라고 합니다. 이마가 툭 불거진 누에의 머리를 닮았거든요. 누에머리는 산맥이 길게 이어지다가 끊긴 곳에서 흔히 볼 수 있습니다. 노루막이와 누에머리는 모두 산꼭대기를 가리키는 우리말이지요.

 저쪽 **누에머리**까지 가려면 시간이 얼마나 걸릴까요?

 이쪽 **노루막이**에서도 삼십 분은 더 가야 할 겁니다.

○월 ○일 ○요일

어른들은 돈을 벌기 위해서 땅을 마구 파헤치고, 나무를 벤다.
왜 그렇게 **땅별**을 괴롭히는 것일까?

○월 ○일 ○요일

아빠를 따라 목장 구경을 갔다. 끝없이 펼쳐진 **풀벌**에서
소 몇 마리가 한가롭게 풀을 뜯고 있었다.

○월 ○일 ○요일

시골 할머니 댁 옆집은 사람이 살지 않는다. 그래서 마당이
온통 **푸서리**로 변했다. **푸서리** 속에서 뱀이 기어 나올 것만 같다.

○월 ○일 ○요일

우리 할머니는 부지런히 **터앝**을 가꾸신다. 그래서 웬만한
채소는 직접 길러서 드신다.

○월 ○일 ○요일

친구들과 함께 한강 **둔치**에 나가 공을 차며 즐겁게 놀았다. 하지만 개구리나 풀벌레가 살아야 할 **둔치**가 사람들 놀이터로 변해 버려서 안타까웠다.

○월 ○일 ○요일

말림갓에 들어가 몰래 통나무를 베어 가는 사람도 있었다고 한다. 또 그런 짓을 못 하게 말려서 **말림갓**을 지키는 사람도 있었다고 한다.

○월 ○일 ○요일

미역을 감은 뒤 개울가 **너럭바위**에 누워 몸을 말렸다. 젖은 옷을 벗어 햇볕이 잘 드는 **너럭바위**에 펼쳐 놓았더니 금세 바삭하게 말랐다.

○월 ○일 ○요일

지난 일요일에 아빠와 함께 산에 올랐다. **노루막이**에 이르러 나도 모르게 '야호' 소리를 질렀다. 아마 동물들이 놀랐을 것이다. 다음부터는 산꼭대기에서 소리 지르지 말아야겠다.

길을 따라 걸어요

01 고샅길과 실골목

고샅길 시골 마을의 좁은 길목, 또는 좁은 골짜기의 사이.

실골목 폭이 썩 좁은 골목.

고샅길과 실골목은 모두 좁은 골목길을 뜻합니다. 하지만 고샅길은 실골목에 비하여 짧은 길목을 말해요. 옹기종기 들어선 시골 마을의 좁고 짧은 길목이 고샅입니다. 더불어 구불구불하고 좁은 골목이 조금 길게 이어진 길은 실골목이지요.

고샅길이나 실골목은 어린 시절 추억이 스며든 길이에요. 고샅의 '고'는 골목이나 골짜기를 뜻하는 '골'에서 나온 말입니다. 그리고 '샅'은 '사이'가 줄어든 말이지요. 흔히 사람이나 짐승의 가랑이 사이를 말합니다. 손가락 사이를 '손샅'이라고도 하지요.

🧑 더 이상 차가 갈 수가 없겠어. 저기 **실골목** 지나 **고샅**으로 조금만 더 가면 되는데.

👧 그럼 우리 **고샅길**로 걸어서 가요!

02 속길과 한길

속길 마을 안으로 난 길, 이면도로.

한길 차나 사람이 많이 다니는 큰길, 전면도로.

어른들이 부르는 길 이름 중에 이면(裏面)도로가 있습니다. 차들이 많이 다니는 도시의 큰길을 전면(前面)도로라고 하고, 아파트 단지 사이로 난 길이나, 동네 안으로 난 길을 이면도로라고 부릅니다. 그중에 불이 났을 때 소방차가 들어갈 수 있도록 한 길은 소방 도로라고 하지요.

전면도로, 이면도로는 어려운 한자말입니다. 쉬운 우리말로 바꾸면 전면도로는 한길, 이면도로는 속길입니다. 사람이 걸어 다니는 속길에서 차들이 빨리 달리다가 교통사고가 많이 납니다. 속길을 걸을 때도 늘 차 조심을 해야겠지요.

- 엄마, 집 근처에서 자전거 조금만 타고 올게요.
- **한길**에는 절대 나가지 말고, **속길**에서도 차 조심해야 한다.

03 뒤안길

늘어선 집들의 뒤쪽으로 난 길.

마을 뒤쪽으로 난 길은 뒤안길입니다. 우리나라 마을은 대부분 산이나 언덕의 남쪽 방향에 자리 잡고 있어서, 뒤안길에는 볕이 잘 들지 않습니다. 겨울에는 녹지 않은 눈 더미가 늘 길섶에 남아 있지요.

사람들 삶에도 한길과 뒤안길이 있답니다. 어떤 사람은 한길을 걷고, 또 어떤 사람은 뒤안길을 걷기도 하지요. 뒤안길은 다른 것에 가려서 관심을 끌지 못하는 쓸쓸한 생활이나 처지를 말합니다. 그런 사람에게는 우리 모두가 관심과 사랑을 베풀어야 합니다.

- 할머니 댁 **뒤안길**에서 고양이를 세 마리나 봤어.
- 고양이들이 **뒤안길**에서 비밀 모임을 가졌나 봐.

04 지름길과 에움길

지름길 가장 가까운 방향으로 질러가는 길.

에움길 빙 둘러서 가는 길이나 우회로.

지름길은 길 중에서 가장 곧은길입니다. 또 '성공의 지름길'처럼 가장 쉽고 빠른 방법을 빗대어 이르기도 하지요. 에움길은 에워싸고 돌아가는 굽은 길입니다. '에우다'는 '둘레를 빙 둘러싸다.'는 뜻이니까요.

지름길은 질러가서 가까운 길이고, 에움길은 에둘러 가서 먼 길입니다. 하지만 지름길이 늘 가깝고 좋은 것은 아닙니다. "지름길이 종종길이다."라는 속담이 있지요. 많은 사람들이 차를 몰고 지름길로만 가려다 보면 길이 막혀서 오히려 늦은 길이 되어 버립니다.

👦 **지름길**이라고 이 길로 왔더니 차가 막혀서 시간이 더 걸리겠어.

👧 지금이라도 **에움길**로 돌아가는 게 낫겠어요.

05 길섶과 갓길

길섶 길 가장자리.

갓길 비상시 이용하도록 고속도로 양쪽 가장자리에 있는 길.

고속도로 가장자리에는 고장이 난 자동차나 구급 차량을 위한 비상 도로가 있지요. 이런 길을 서양에서는 숄더(shoulder;어깨)라고 하는데, 일본 사람들은 이를 노견(路肩)이라는 한자말로 불렀고, 우리도 한동안 그것을 따라 썼답니다. 우리말로 풀면 '길 어깨'인 것이지요.

그런데 '어깨'는 폭력배를 가리키는 속어로도 쓰이므로 느낌이 좋지 않습니다. 그래서 지금은 갓길이라는 말을 쓰고 있어요. 하지만 본디 길 가장자리를 가리키는 말은 길섶입니다. 그러므로 고속도로 가장자리는 갓길, 그 밖에 모든 길의 가장자리는 길섶이라고 불러야 합니다.

- 오줌 마려워서 못 참겠어요. **갓길**에 차 좀 세워 주세요.
- 휴게소도 방금 지났는데 어떡하지?
  고속도로를 빠져나가서 시골길이 나오면 **길섶**에 세워 줄게.

06 허방

길 가운데 움푹 팬 땅. 땅바닥이 갑자기 움푹 패어 빠지기 쉬운 땅.

옛날 아이들이 했던 놀이 가운데 '허방놀이'라는 게 있었어요. 길 가운데 허방을 파 놓고 나뭇가지 따위를 걸친 뒤, 위에 흙을 살짝 덮어 놓습니다. 그러면 지나가던 사람이 헛디디어 발목이 빠지게 되지요. 남을 골탕 먹이는 짓궂은 놀이였답니다.

허방은 한자말 함정(陷穽)의 우리말입니다. '허방 짚다.'는 잘못 예상하거나 그릇 알아서 일을 실패하게 된 것을 이르는 말이며 '허방 치다.'는 바랐던 일을 실패한 것을 말합니다. 공사를 잘못하여 길을 부실하게 만들면 허방이 생겨서 차바퀴가 빠질 수도 있겠지요.

- 할머니, 어두우니까 조심하세요. 길에 **허방**이 많아요.
- 오냐, 너도 **허방**에 빠지지 않도록 조심해라.

07 어김다리

두 철도나 길이 만나는 곳에 어긋나게 놓은 다리.

두 길이 어긋나게 만날 때, 옛날에는 건널목을 만들고 신호등을 세웠지요. 하지만 요즘에는 주로 굴다리나 어김다리를 놓습니다. 예를 들어 새로 내는 길이 철길보다 높으면 어김다리를 놓고, 철길보다 낮으면 굴다리를 만들지요.

어김다리나 굴다리는 건널목보다 편리합니다. 지날 때 멈추지 않아도 되니까요. 그러나 차단기 앞에 멈추어 서서 기다란 기차가 꼬리를 물고 지나가는 모양을 바라보는 풍경도 나름대로 멋이 있었지요.

 어김다리와 고가도로는 어떻게 달라요?
 어김다리는 대부분 짧고 가풀막진데, 고가도로는 비교적 길단다.

08 가풀막

가파른 땅의 바닥. 급경사길.

길을 가다 보면 오르막길과 내리막길이 있습니다. 그중에서도 몹시 가파르게 비탈진 오르막과 내리막을 가풀막이라고 합니다. 또 그런 길은 '가풀막지다'고 하지요. 가풀막은 '가파르다'와 '막다르다'가 결합한 말입니다. 지방에 따라서는 가팔막이라고도 해요. 비탈진 산기슭에 난 좁은 길을 자드락길이라고 하는데, 그런 길에는 가풀막진 곳이 많겠지요. 고갯길에도 가풀막진 곳이 많습니다. 사람이 세상을 살아 나가면서 어려운 일을 당하는 것을 가풀막에 빗대기도 합니다. 누구에게나 삶의 가풀막이 있답니다.

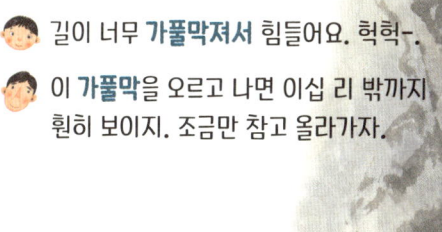

- 길이 너무 **가풀막져서** 힘들어요. 헉헉-.
- 이 **가풀막**을 오르고 나면 이십 리 밖까지 훤히 보이지. 조금만 참고 올라가자.

○월 ○일 ○요일

아빠를 따라 **고샅길**로 들어섰다. **실골목** 양옆에 있는 담벼락은 검푸른 담쟁이넝쿨에 덮여 있었다.

○월 ○일 ○요일

한길에서 멀리 떨어진 우리 동네 **속길**에는 자동차가 많이 세워져 있다. 동네에서 불이 나면 큰일이다. 소방차가 들어올 수 없으니까.

○월 ○일 ○요일

이름도 알려지지 않은 채 역사의 **뒤안길**로 사라진 수많은 독립 운동가들이 있다. 나는 역사 공부를 열심히 해서 그분들이 **뒤안길**에서 나올 수 있도록 해 드려야겠다.

○월 ○일 ○요일

오늘은 늦잠을 잤다. 학교에 지각하지 않으려고 학교 샛문으로 통하는 **지름길**로 뛰었다. 그러다가 넘어져서 무릎에 생채기가 났다.

○월 ○일 ○요일

살사리꽃이 하늘거리는 **길섶**에 서서, 벼가 누렇게 익어 가는 황금 들녘을 바라보았다. 마음이 뿌듯했다.

○월 ○일 ○요일

우리 동네 앞길에 **허방**이 생겨서 비가 오면 물웅덩이가 된다. 그래서 차가 지나갈 때마다 흙탕물이 튄다.

○월 ○일 ○요일

지난 주말에도 아빠를 따라 산에 갔다. **가풀막진** 자드락길을 내려오면서 발을 헛디디어 몇 번이나 넘어졌다. 하지만 나는 아픔을 참고 씩씩하게 아빠 뒤를 따랐다.

○월 ○일 ○요일

우리 학교 앞에 새로 놓인 **어김다리**가 너무 가풀막져서, 내리막길에서는 차들이 쌩쌩 달린다. 그것을 볼 때마다 위험해 보였다.

여줄가리 올림말

길미	빌려 준 돈에 붙는 이익. 이자.
너겁	괸 물에 떠 있는 지푸라기나 티끌 따위.
는개	안개보다는 조금 굵고, 이슬비보다는 가는 비.
대오리	대를 잘게 쪼갠 가늘고 긴 조각.
돌샘	돌 틈에서 흘러나오는 샘.
듣다	눈물, 빗물 따위의 액체가 방울져 떨어지다.
들녘	들이 있는 쪽이나 지역.
비설거지	비가 막 내릴 무렵, 비에 맞지 않도록 물건 따위를 치우거나 덮어 주는 일.
자릿내	오래 빨지 않은 빨랫감에서 나는 쉰 듯한 냄새.
재	길이 나 있어서 넘어 다닐 수 있는 높은 산의 고개.
한목	한꺼번에 몰아서 함을 나타내는 말.

제2부

날씨와 때

농사나 고기잡이를 하는 사람들은 날씨 때문에 웃고 웁니다. 그래서 바람, 구름, 비, 눈 따위 날씨를 나타내는 우리말이 매우 많습니다. 오늘 날씨를 나타내기에 적당한 우리말은 무엇일까요?

> 바람이 윙윙, 구름이 두둥실

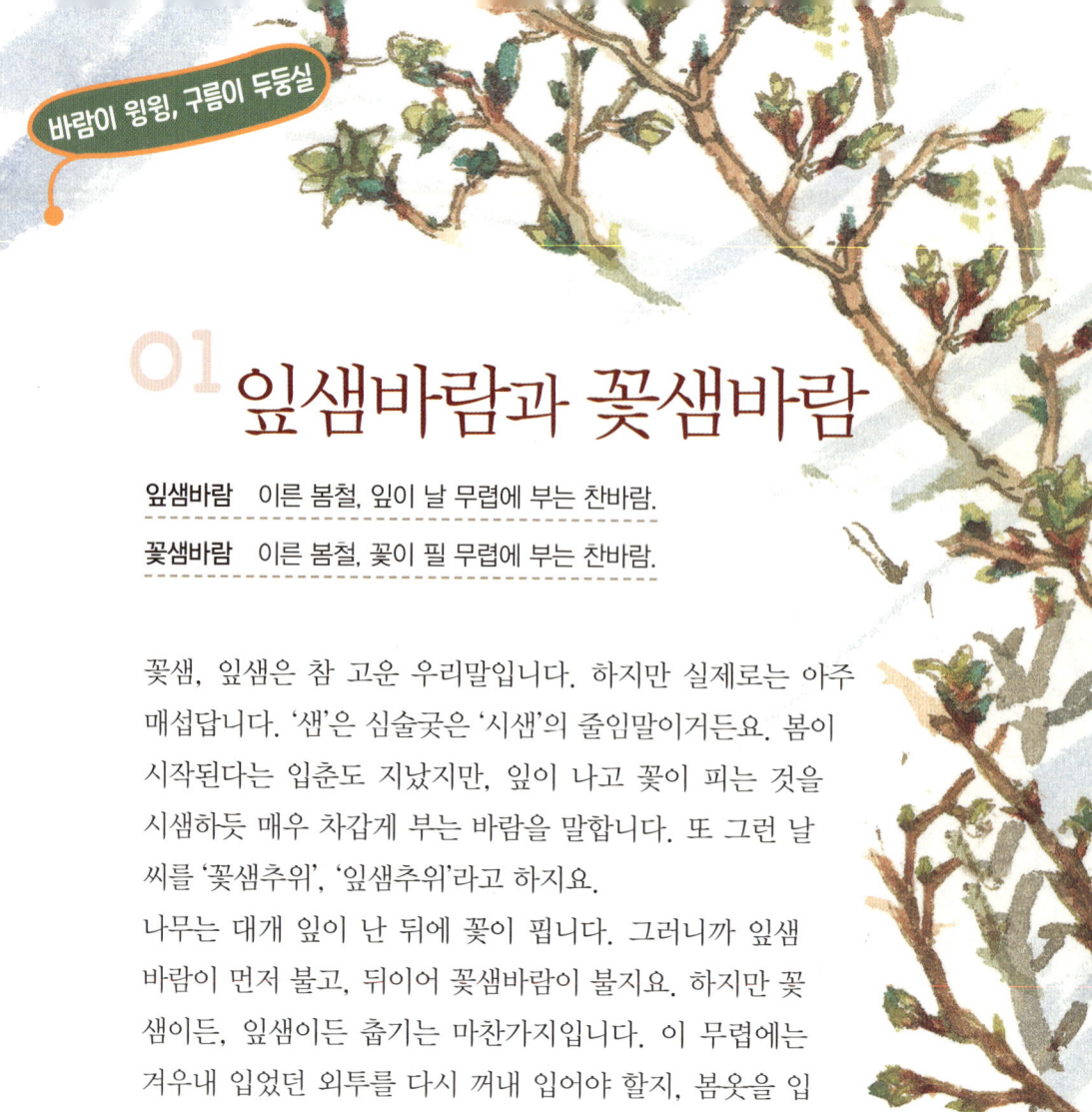

01 잎샘바람과 꽃샘바람

잎샘바람 이른 봄철, 잎이 날 무렵에 부는 찬바람.
꽃샘바람 이른 봄철, 꽃이 필 무렵에 부는 찬바람.

꽃샘, 잎샘은 참 고운 우리말입니다. 하지만 실제로는 아주 매섭답니다. '샘'은 심술궂은 '시샘'의 줄임말이거든요. 봄이 시작된다는 입춘도 지났지만, 잎이 나고 꽃이 피는 것을 시샘하듯 매우 차갑게 부는 바람을 말합니다. 또 그런 날씨를 '꽃샘추위', '잎샘추위'라고 하지요.

나무는 대개 잎이 난 뒤에 꽃이 핍니다. 그러니까 잎샘바람이 먼저 불고, 뒤이어 꽃샘바람이 불지요. 하지만 꽃샘이든, 잎샘이든 춥기는 마찬가지입니다. 이 무렵에는 겨우내 입었던 외투를 다시 꺼내 입어야 할지, 봄옷을 입어야 할지 고민스럽지요.

🧒 학기 첫날이라 운동장에서 개학식을 했는데 너무 추웠어요.
👧 요새 부는 **꽃샘바람**이 여간 매운 게 아니지.

02 높새바람

뱃사람이 북동풍을 이르는 말, 또는 영서 지방에 불어오는 북동풍.

옛적에 뱃사람들은 동서남북을 새쪽, 마쪽, 하늬쪽, 노쪽이라 불렀답니다. 높새에서 '높-'은 북쪽을 가리키는 '노'라는 말이 변한 것이고, '새'는 동쪽을 말합니다. 그러므로 높새바람은 북동쪽에서 부는 바람입니다. 북서풍은 높하늬라고 하지요.

재를 넘어 부는 바람은 재넘이입니다. 높새바람도 재넘이의 한 가지랍니다. 초여름에 강원도 영동 지방에서 재를 넘어 영서 지방으로 불어오는 북동풍이지요. 산맥을 넘는 동안 따뜻하고 건조해진 높새바람은 농작물에 많은 피해를 줍니다. 높새바람을 지리 용어로는 '푄'이라고 합니다.

- 강원도 내륙에는 지금 가뭄이 심각합니다. 더구나 산맥을 넘어오는 **높새바람** 때문에 농작물 이파리들이 누렇게 말라 버렸습니다.
- **높새바람**이 불기 전에 한바탕 목비가 내려 주어야 할 텐데.

03 바람꽃

큰바람이 일어나려고 할 때 먼 산에 구름같이 끼는 뽀얀 기운.

비가 내리기 시작할 때 비꽃이 피는 것처럼, 큰바람이 불기 전에 바람꽃이 피지요. 먼 산에 구름같이 끼는 뽀얀 기운이 바람꽃이랍니다. 바람꽃이 일면 뱃사람들은 바다에 나가지 않아요. 농부들은 바람 피해를 입지 않도록 농작물을 단속하지요.

해 질 무렵에 멀리 보이는 푸릇하고 흐릿한 기운은 '이내'라고 합니다. 언뜻 바람꽃과 비슷해 보이지요. 하지만 이내는 어둑해질 무렵에 끼고, 바람꽃은 한낮에도 낀답니다. 물론 매연에 찌든 도시의 잿빛 하늘에서는, 바람꽃도 이내도 보기 어렵지요.

🙍 엄마, 텔레비전에서 그러는데 태풍이 올 거래요.
🙍 어쩐지, 먼 산에 **바람꽃**이 피었더구나.

04 하늬바람과 마파람

하늬바람 서쪽에서 불어오는 바람.

마파람 남쪽에서 불어오는 바람.

"하늬바람에 곡식이 모질어진다."고 하지요. 여름이 지나 서풍이 불어오면 곡식이 여물고 대가 세어진다는 말입니다. 하늬바람은 맑은 날 서쪽에서 서늘하게 불어오는 바람이지요. 북한에서는 겨울에 부는 북서풍이나 북풍을 하늬바람이라고 한답니다.

봄, 여름에는 집 앞쪽에서 마파람이 불어오지요. 우리나라 집은 대부분 남쪽을 향하고 있으니까요. 마파람은 물기가 많은 축축한 바람입니다. 그래서 "마파람에 곡식이 혀를 빼물고 자란다."고 한답니다. 날씨가 촉촉해서 곡식이 무럭무럭 자란다는 뜻이지요.

- 엄마, 먹을 것 더 없어요?
- 얼마나 배가 고팠으면, 그 많은 고구마를 마파람에게 눈 감추듯 다 먹었네.

05 꽃구름과 매지구름

꽃구름 여러 가지 빛깔을 띤 아름다운 구름.

매지구름 비를 머금은 검은 조각구름.

구름은 여러 가지 모양과 빛깔을 내지요. 그중에서 가장 예쁘게 보이는 구름은 꽃구름이에요. 꽃구름은 해가 뜰 때나 해 질 무렵에 노을빛과 어우러져서 하늘을 화려하게 수놓습니다. 하지만 소나기를 잔뜩 머금은 매지구름이 시커멓게 몰려오면 세상이 컴컴해지지요.

사실 구름은 수증기와 같아서 제 색깔이 있는 게 아닙니다. 다만 두꺼운 구름은 시커멓게 보이고, 높이 떠 있는 엷은 구름은 솜털같이 하얗게 보이지요. 그래서 뭉게구름, 비늘구름, 새털구름, 실구름 같은 말이 생겨났답니다.

 저기 **매지구름**이 몰려오네. 곧 비가 내릴 걸세.

 매지구름이 소나기를 몰고 오는군. 어서 비설거지하세.

06 삿갓구름

외딴 산봉우리 꼭대기 부근에 걸려 있는 삿갓 모양의 구름.

더운 여름날, 땅에서 데워진 따뜻하고 습한 공기가 산기슭을 따라 올라갑니다. 그러다가 산꼭대기 근처에서 찬 공기를 만납니다. 그러면 따뜻한 공기는 몸을 움츠리면서 습기를 내뱉지요. 찬 공기를 만난 습기는 하얀 구름이 됩니다.
구름은 산꼭대기 근처에 둥둥 떠오릅니다. 멀리서 보면 마치 산이 삿갓을 쓰고 있는 듯하지요. 그래서 삿갓구름이랍니다. 삿갓은 비나 햇볕을 막기 위하여 대오리나 갈대로 거칠게 엮어서 만든 갓입니다. 세모꼴로 된 갓이지요.

🎵 산 할아버지 구름 모자 썼네, 나비같이 훨훨 날아서
  살금살금 다가가서 구름 모자 벗겨 오지.

👧 저 가수 아저씨는 **삿갓구름**을 구름 모자라고 하네.

07 솔개그늘

아주 작게 지는 구름의 그늘. 솔개만 한 그늘.

솔개가 날개를 쫙 펴고 낮게 맴돌면 솔개그늘이 마당에 어른거립니다. 마당에서 놀던 병아리들은 종종걸음으로 도망을 칩니다. 솔개는 들쥐, 개구리, 물고기 따위를 잡아먹지만, 가끔씩은 병아리를 낚아채기도 하거든요.

작은 조각구름이 만든 그늘을 빗대어 솔개그늘이라고 합니다. 한여름 뙤약볕에는 손바닥만 한 솔개그늘도 아쉽지요. 예부터 음력 2월 20일경에는 날씨가 흐려야 풍년이 든다는 말이 있습니다. 그래서 농부들은 이때 작은 솔개그늘이라도 생겼으면 좋겠다고 빌었대요.

- 목도 마르고, 발도 아픈데 어디 쉴 만한 나무 그늘 없나?
- 나무 그늘은커녕 손바닥만 한 **솔개그늘**도 보이지 않네!

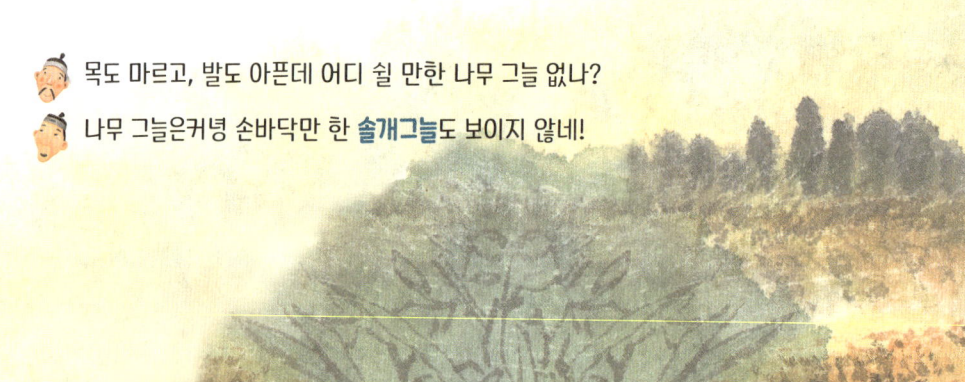

08 잠포록하다

날이 흐리고 바람기가 없다.

아궁이에 불을 때서 밥 짓던 시절이 있었어요. 해가 검기울어 갈 무렵이면 마을마다 굴뚝에서 하얀 연기가 피어올랐지요. 잠포록한 날이면 숲이며 물결이며 모두 잠잠한데, 밥 짓는 연기는 하얀 머리를 풀어헤치며 하늘로 올라간답니다. 잠포록한 날의 정겨운 풍경이었지요.

하늘에 구름은 잔뜩 끼었지만 바람 한 점 없고, 날씨는 포근합니다. 그런 날씨를 잠포록하다고 하지요. 잠포록한 날에는 사람들 마음도 차분하고 녹록합니다. 우리 마음도 가끔은 잠포록하게 가라앉히는 것이 좋습니다.

- 오늘은 날씨가 **잠포록해서** 연날리기는 어렵겠구나.
- 아빠, 그러면 팽이치기하고 놀아요.

○월 ○일 ○요일

친구랑 싸워 복도에서 벌을 섰다. 열린 창문으로 들어온
꽃샘바람이 목덜미를 쓸고 지나가자 온몸이 얼어붙는 것 같았다.
다시는 친구들과 싸우지 말아야겠다.

○월 ○일 ○요일

지난 주말 강원도로 가족 여행을 갔는데, 한계령을 넘어오는
높새바람에 차가 휘청거렸다.

○월 ○일 ○요일

마을을 둘러싼 높직한 산들이 **바람꽃**에 뿌옇게 싸여 있었다.
마치 병풍 속 그림 같아 보였다.

○월 ○일 ○요일

무성한 숲에서 매미 소리가 요란하더니, 언덕배기로 서늘한
하늬바람이 불어왔다. 벌써 여름 방학이 끝나 가나 보다.

○월 ○일 ○요일

해거름에 옥상에 올라가서 하늘을 쳐다보았다. 노을빛이 번진 서쪽 하늘에는 색색의 **꽃구름**이 피어오르고 있었다.

○월 ○일 ○요일

햇볕이 쨍쨍 내리쬐고 있었다. 나는 아빠 손을 잡고 들판 길을 걸었다. 들판 끝 산봉우리에 **삿갓구름**이 걸려 있었다.

○월 ○일 ○요일

학교에서 돌아오면 숙제도 해야 하고 영어, 수학 공부도 해야 한다. 또 피아노 학원에도 가야 한다. 너무 힘들다. **솔개그늘**만큼이라도 쉴 틈이 있었으면 좋겠다.

○월 ○일 ○요일

내가 아끼던 인형을 동생이 잃어버렸다. 무척 화가 났지만 나는 꾹 참고 동생을 이해하려고 애를 썼다. 그랬더니 마음이 **잠포록해졌다**.

> 세상을 촉촉하고
> 포근하게 해요

01 개미장

큰비, 또는 장마가 지기 전에 개미들이 줄을 지어 먹이를 나르는 것.

날이 흐립니다. 마당 구석에서 개미들이 줄을 지어 부지런히 먹이를 나릅니다. 사람들이 줄지어 장 보러 가는 것 같아요. 개미장이 섰나 봅니다. 개미장이 서면 큰비가 내릴 징조래요. 서둘러 비설거지해야겠네요.

"개미 메 나르듯" 한다는 속담이 있어요. '메'는 산을 일컫는 옛말이지요. 그런데 개미가 산을 나른다고요? 개미든 사람이든 부지런하고 끈기가 있으면 마침내 큰일을 하게 된다는 뜻이랍니다.

🧓 참 신통하기도 하지. 마당 구석에 **개미장**이 서더니, 기어이 비가 쏟아지네.

👦 그럼, **개미장** 못 서도록 훼방을 놓아 버리면 비가 안 와요?

02 목비와 먼지잼

목비 모낼 무렵에 제대로 한목 오는 비.

먼지잼 비가 겨우 먼지나 날리지 않을 정도로 조금 내림.

목비에서 '목'은 한 해 농사를 결정하는 중요한 시기를 말합니다. 봄철 모내기할 무렵에는 제때에 목비가 내려 주어야 합니다. 오랜 가뭄 끝에 내리는 비를 '단비'라 하는데, 단비에서도 으뜸이 목비입니다.

먼지잼은 먼지를 재운다는 뜻입니다. 풀풀 날리는 먼지를 겨우 재워 놓을 정도로 조금 내린 비입니다. 모내기 철에 목을 빼며 목비를 기다리다가 겨우 먼지잼하는 것을 보면 농부들은 애가 타지요.

전국에 비가 내렸지만 갈증을 풀기에는 부족합니다. **목비**를 기다리던 농민들은 겨우 **먼지잼**하고 말았다며 아쉬워합니다.

03 비꽃

비가 오기 시작할 때 성글게 떨어지는 빗방울.

비에도 꽃이 있다고요? 그렇습니다. 오랜 가뭄 끝에 한두 방울씩 툭툭 듣기 시작하는 빗방울은 꽃보다 아름답게 보일 터입니다. 유리창이나 손등 같은 데에 툭 떨어져 꽃 모양으로 번지는 빗방울을 떠올려 보세요. 그것이 비꽃이랍니다.

비꽃은 북한에서 주로 쓰는 말입니다. 비꽃에서 '꽃'은 사물의 어떤 현상 가운데 맨 처음을 뜻합니다. 곰국, 설렁탕 따위를 끓일 때 고기를 삶아 내고 아직 맹물을 타지 아니한 진한 국물을 '꽃물'이라고 하는 것처럼 말이지요.

- 엄마, 이것 보세요. 손등에 **비꽃**이 떨어졌어요.
- 햇볕이 쨍쨍한데 무슨 **비꽃**이니? 널어놓은 빨래에서 떨어진 물이지.

04 가랑비와 이슬비

가랑비 조금씩 가늘게 내리는 비. 이슬비보다는 좀 굵다.

이슬비 아주 가늘게 내리는 비. 는개보다 굵고 가랑비보다는 가는 비.

"가랑비에 옷 젖는 줄 모른다."고 합니다. 하찮은 것이라도 거듭되면 감당하지 못할 큰일이 되고 말지요. '가랑'은 매우 작은 것을 뜻합니다. '가랑니', '가랑눈'처럼 말이지요. 또 가랑비 중에서도 바람 없는 날 소리 없이 조용히 내리는 비를 보슬비라고 해요. 나뭇잎에 겨우 이슬이 맺힐 만큼 가늘게 내리는 비는 이슬비랍니다. 가랑비보다 조금 더 가늘게 내리는 비를 말하지요. 사실 가랑비와 이슬비는 구별하기가 어렵답니다. 그래서 "가라고 가랑비 오고, 있으라고 이슬비 온다."는 말도 있어요.

 가라고 **가랑비**가 옵니다그려.

 무슨 말씀을. 있으라고 **이슬비**가 내리는구려.

05 함박눈과 싸라기눈

함박눈 굵고 탐스럽게 내리는 눈.
싸라기눈 빗방울이 갑자기 찬바람을 만나 얼어 떨어지는 싸라기 같은 눈.

눈은 내리는 모양에 따라 여러 가지 이름이 있어요. 포근한 날에 탐스럽게 내리는 눈은 함박눈이지요. 산골짝에 피는 하얀 함박꽃 송이와 닮았어요. "눈 온 뒤에는 거지가 빨래를 한다."는 속담이 있어요. 함박눈이 온 뒤에는 날이 그만큼 포근하다는 말인데, 조금 허풍스럽지요?

쌀알이 바닥에 쏟아지듯 내리면 싸라기눈, 줄여서 싸락눈이라고 합니다. 조금씩 아주 잘게 내리면 가랑눈, 자잘한 떡가루처럼 부서져 내리면 가루눈, 갑자기 무더기로 쏟아지면 소나기눈이지요.

🧒 눈 내리는 모습을 소재로 한 줄짜리 동시를 써 볼까?
👧 함박꽃처럼 탐스러운 **함박눈**이 내려요.
👦 사락사락 **싸라기눈**이 내려요.

06 살눈과 길눈

살눈 얇게 내리는 눈.
길눈 거의 한 길이나 되도록 엄청나게 많이 쌓인 눈.

땅에 쌓일 듯 말 듯, 살짝 내린 눈은 살눈입니다. 얇게 언 얼음을 살얼음이라고 하듯 말이지요. 살눈보다는 많이 내렸지만, 겨우 발자국이 날 만큼 적게 온 눈은 '자국눈'이라고 해요. 살눈, 자국눈이 비로 내리면 먼지잼입니다.

발목이 푹 빠질 만큼 한 자쯤 쌓이면 '잣눈'이에요. 눈이 어마어마하게 내려서 어른 키만큼 쌓이면 길눈이지요. 어른 한 사람의 키를 한 길이라고 하거든요. 물론 사람 키만큼 눈이 쌓이는 일은 거의 없어요. 그만큼 많은 눈이 내렸다는 뜻입니다.

- 강원도 깊은 산속에는 **길눈**이 내렸대!
- 부산 쪽에는 **살눈**만 살짝 내리다 말았다던데…….

07 숫눈

눈이 쌓인 뒤에 아무도 지나지 않은, 그대로 깨끗한 상태로 있는 눈.

아무도 밟지 않은 숫눈길을 걸으면 보드득보드득 밟히는 느낌이 상큼합니다. 마음도 깨끗해지지요. 그렇게 한참 걷다가 뒤돌아보면, 새하얀 숫눈길 위에 제 발자국만 꿈틀꿈틀 따라옵니다. 누군가 그 발자국을 뒤따라 걸어올 때도 있지요.

숫눈에서 '숫-'은 다른 것이 섞이거나 더럽혀지지 아니한, 본디 그대로를 말합니다. 순결함을 뜻하지요. '숫총각', '숫음식' 따위에서도 그런 뜻으로 쓰입니다. 그런데 모든 눈이 숫눈이 되는 건 아닙니다. 살눈이나 길눈에서는 숫눈의 순결함이 느껴지지 않으니까요.

나는 눈밭에 나가서 숫눈을 뭉쳐서 눈사람을 만들고 싶어.

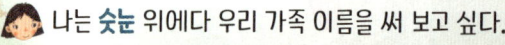
나는 숫눈 위에다 우리 가족 이름을 써 보고 싶다.

08 서리꽃

유리창 따위에 서린 김이 얼어붙어 꽃처럼 무늬를 이룬 것.

서리는 늦가을에 공기 중에 있던 작은 물방울이 땅이나 물체에 하얗게 얼어붙은 것이지요. 서리는 추운 날 유리창이나 반반한 쇠붙이 따위에 예쁜 서리꽃을 피웁니다. 서리꽃은 차가운 꽃이랍니다. 따뜻한 입김만 닿아도 금방 녹아서 사라지고 말지요. 그해 처음 내리는 묽은 서리는 무서리, 추운 날 되게 내리는 서리는 된서리지요. 무나 배추 따위 남새가 된서리를 맞으면 시들해집니다. 사람이 큰 재앙이나 엄한 일을 당하면 '된서리 맞았다.'고 해요. 힘없이 굼뜨고 시들시들한 사람을 '서리 맞은 구렁이'라고도 한답니다.

- 아빠, 유리창에 **서리꽃**이 피었어요.
- 그래? 그럼 마당에는 서릿발이 섰겠구나.

 기쁨이의 일기

○월 ○일 ○요일

비가 오기 전에 **개미장**이 선다는 말을 듣고 나는 아파트 놀이터 주변을 살펴보았다. 하지만 개미집을 찾을 수가 없었다. 우리가 뛰어노느라고 땅을 너무 많이 밟아서일까?

○월 ○일 ○요일

먼지가 풀풀 날리는 운동장에서 노는데 먹구름이 몰려왔다. 하지만 잠깐 빗방울이 듣더니 **먼지잼**하고 그쳤다. 모내기 철이 다 되어, **목비**를 기다리시는 할머니 모습이 떠올랐다.

○월 ○일 ○요일

수학여행을 떠나는 날, 즐거운 마음으로 버스에 올랐다. 하지만 곧 차창으로 **비꽃**이 톡톡 떨어졌다. 우리는 모두 걱정이 되었다.

○월 ○일 ○요일

설날 받은 세뱃돈을 다 써 버린 내게 엄마는 "**가랑비**에 옷 젖는 줄 모른다."며 야단을 치셨다.

○월 ○일 ○요일

학교에서 돌아오는데 갑자기 **싸라기눈**이 내렸다. 지금은
함박눈이 펑펑 내린다. 강아지들이 신이 나서 펄쩍펄쩍 뛰어다닌다.

○월 ○일 ○요일

오늘은 첫눈이 왔다. 눈사람도 만들고 친구들과 눈싸움도 하고
싶었다. 하지만 **살눈**만 사르르 쌓였다가 곧 녹아 버렸다. 재미없었다.

○월 ○일 ○요일

아무런 생각 없이 **숫눈**길을 걷다가 뒤돌아보았다. 지렁이가
꿈틀대는 듯 비뚤비뚤한 발자국이 나를 따라오고 있었다.

○월 ○일 ○요일

머리에 하얗게 서리가 내려앉은 할머니는, 유리창에 핀
서리꽃을 멀거니 바라보고 계셨다. 그런 할머니 뒷모습이
무척 쓸쓸해 보였다.

물이 모여 흐르고

01 가람

강의 옛날 이름.

넓고 길게 흐르는 큰 물줄기를 강이라고 합니다. 산이 땅의 뼈대라면, 강은 땅의 핏줄이지요. 강은 원래 가람(ᄀᆞ롬)이었습니다. 우리글이 없던 시절에 이것을 한자 강(江)으로 쓰다가 세월이 흐르면서 가람은 사라지고 강만 남았지요. 뫼가 사라지고 산(山)만 남은 것처럼요.

가람은 저 혼자 갑자기 생겨난 것이 아닙니다. 깊은 산속 옹달샘이나 선샘에서 솟아난 물이 산골짝으로 흘러내리고, 개울물과 시냇물이 더해져 큰 물줄기가 된 것이지요. 그래서 실개천, 시내, 개울, 여울 따위는 결국 한 줄기로 이어지는 물줄기랍니다.

 옛날에는 강을 **가람**이라고 했단다.

 그럼, 한강은 한**가람**, 금강은 비단**가람**이었겠네요?

02 선샘과 옹달샘

선샘 장마철에 땅속으로 스며들었던 빗물이 솟아 나오는 샘.

옹달샘 작고 오목한 샘.

땅에서 물이 새어 나오는 것을 샘이라고 하지요. 선샘, 옹달샘은 자연의 이치에 따라 저절로 생긴 샘입니다. 선샘은 비가 많이 내린 뒤에만 물이 솟아나는 얕은 샘입니다. 하지만 작고 오목한 옹달샘에는 늘 맑은 물이 솟아납니다.

땅을 파서 땅속 깊은 곳에서 솟아나는 샘물을 길어 올리게 만든 것을 우물이라고 해요. "우물에도 샘구멍이 따로 있다."는 속담이 있습니다. 겉으로는 드러나지 않지만 무슨 일에서나 핵심이 되고 중요한 역할을 맡은 사람이 따로 있다는 뜻이지요.

🧒 아빠, 목말라요. 저기 샘물 떠먹으면 안 돼요?

👨 장마 끝에 생긴 **선샘**이야. 선샘물은 함부로 먹으면 안 돼.

03 개울

골짜기나 들에 흐르는 작은 물줄기.

숲속 옹달샘이나 선샘에서 솟아난 샘물은 도랑으로 흐르고, 도랑이 모여 개울이 됩니다. 또 개울이 모여 강을 이루지요. 개울은 '내'와 비슷한 말입니다. 시내보다는 크지만 강보다는 작은 물줄기지요. 개울 가운데서 작고 가는 개울을 실개울이라고 합니다. 물줄기를 크기대로 줄을 세워 보면, 도랑 〈 실개울(시내) 〈 개울(내) 〈 강 순이지요. 물이 맑은 개울물에서는 여름철에 조무래기들이 미역을 감기도 해요. 또 개울 속에는 작은 물고기와 올챙이도 살아요. 그래서 〈올챙이와 개구리〉라는 노래도 만들어진 것이랍니다.
자, 올챙이 노래를 부르면서 개울가로 올챙이 잡으러 가 볼까요?

개울가에- 올챙이 한 마리-
꼬물꼬물 헤엄치다
뒷다리가 쑤욱- 앞다리가 쑤욱-
팔-딱팔딱 개구리 됐네.

04 여울

강이나 바다의 바닥이 얕거나 폭이 좁아서 물살이 세차게 흐르는 곳.

여울은 강이나 내에도 있고, 바다에도 있습니다. 물결이 특히 세차게 흐르는 여울은 된여울, 급하고 쏜살같이 빠른 여울물은 살여울이라고 합니다. 된여울에서는 물놀이를 하면 위험하지요. 물은 얕아 보여도 물살이 세차게 흐르니까요.

여울 바닥은 주로 울퉁불퉁한 돌덩이로 되어 있어요. 흙이나 모래 따위는 거센 물살에 씻겨 내려가 버렸으니까요. 강이나 바다의 바닥이 갑자기 낮아져 여울물이 턱이 져서 흐르는 곳은 '여울목'이라고 합니다. 개울에 있는 여울목은 개여울이라고 하지요.

 연어 떼는 왜 **여울**을 거슬러 올라가죠?

 고향에 돌아가기 위해서란다. 그걸 '회귀 본능'이라고 하지.

05 샛강

큰 강의 줄기에서 한 줄기가 갈려 나가 중간에 섬을 이루고, 하류에 가서는 다시 본디의 큰 강에 합쳐지는 강.

어느 신문사에서 '샛강이 살아야 큰 강이 산다.'는 환경 보호 표어를 내건 적이 있습니다. 그런데 샛강은 큰 강으로 흘러드는 지류가 아니라, 섬을 사이에 두고 큰 강에서 갈라졌다가 다시 합쳐지는 작은 강입니다. 큰 강과 샛강은 결국 같은 물이므로 이 표어는 이치에 맞지 않습니다.

샛강은 작지만 물살이 급합니다. 많은 물이 한꺼번에 좁은 강폭을 지나기 때문이에요. 샛강, 샛길, 샛문은 모두 큰 것에서 갈라진 작은 것, 또는 큰 것 사이에 있는 것을 가리키는 말입니다.

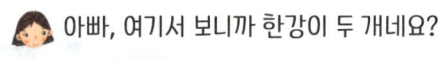
아빠, 여기서 보니까 한강이 두 개네요?

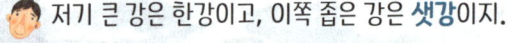
저기 큰 강은 한강이고, 이쪽 좁은 강은 **샛강**이지.

06 개

강이나 내에 바닷물이 드나드는 곳.

개는 강물과 바닷물이 섞이어 갯물이 흐르는 곳입니다. 갯물에서는 고기가 잘 잡히지요. 갯가에 펼쳐진 드넓은 개펄에는 온갖 해산물이 널려 있습니다. 또 개어귀 주변에는 들녘이 넓어서 곡식도 많이 납니다. 그래서 예부터 갯가나 개어귀에는 사람들이 많이 모여 살았지요.

영등포, 마포, 삼천포, 목포, 옥포, 미포 등 이름에 포(浦)가 들어간 동네는 거의 개어귀에 이루어진 포구 마을입니다. 우리나라 바닷가에는 배가 드나드는 개어귀인 포구가 많아요.

🧑 **갯물**에, **개펄**에 옷이 다 젖었구나.
👦 그래도 **갯가**에서 노는 게 정말 재미있어요.

07 알섬과 염

알섬 육지 가까이에 있으면서 물새가 모여 알을 낳는다는 섬.

염 작은 바위섬.

섬 크기와 모양에 따라서 부르는 말도 여러 가지입니다. 바윗돌로 된 작은 섬은 염이라고 합니다. 그중에서도 아주 작은 바위섬은 '밤염'이지요. 밤톨처럼 조그맣다는 뜻이겠지요. 또 독도처럼 뭍에서 멀리 떨어져 있는 작은 바위섬은 '외염'이라고 한답니다. 알섬은 보통 육지 가까이에 있는 작은 무인도를 말합니다. 사람이 살지 않아서 새들이 자유롭게 모여 알을 낳는 섬이지요. 그중에 숲이 우거진 섬을 '알림'이라고도 합니다. 우리나라 바닷가에는 알섬이 매우 흔해요.

- 다음 주말에 **알섬**으로 바다낚시를 갈까요?
- 하필이면 새들의 보금자리인 **알섬**에 가서 낚시를 해요? 작은 **염**은 위험할 테니 배낚시를 하면 어때요?

08 밀물과 썰물

밀물 바닷물이 밀려와서 수면이 높아지는 현상.

썰물 바닷물이 밀려 나가서 수면이 낮아지는 현상.

바닷물은 한순간도 가만히 있지 않습니다. 달의 인력 때문에 늘 밀물과 썰물이 번갈아 드나들기 때문이지요. 바닷물은 여섯 시간 동안 밀물이 들어 높아졌다가, 다시 여섯 시간 동안 썰물이 지며 낮아집니다. 그러니까 밀물과 썰물은 하루에 두 번씩 일어나요. 밀물이 들어와 바닷물이 가장 높이 찬 때를 '물참'이라고 합니다. 한자말로 만조(滿潮)라고 하고, 그런 때를 '찬물때'라고 하지요. 또 썰물이 빠져 바닷물이 가장 낮은 때는 '잦감', 한자말로 간조(干潮)라 하며 그런 때를 '간물때'라고 부릅니다.

 밀물이 들어 찬물때가 되니까 온갖 너겁과 쓰레기들이 둥둥 떠다니는구나.

 맞아요. 모래밭에서 놀다가 **썰물** 때 조개나 주워야겠어요.

09 메밀꽃과 까치놀

메밀꽃   파도가 일었을 때 하얗게 부서지는 포말.
까치놀   석양에 먼 바다의 수평선에서 희번덕이는 물결.

《메밀꽃 필 무렵》이라는 이름난 소설이 있어요. 가을 달빛 아래 하얗게 펼쳐진 메밀꽃의 정취가 물씬 풍기는 작품이지요. 메밀꽃은 본디 밭에 심는 곡식의 한 가지인 메밀의 꽃입니다. 파도가 일었을 때 하얗게 부서지는 물거품은 마치 밭에 가득 핀 메밀의 꽃처럼 보입니다. 그래서 메밀꽃이라 부르지요.

석양에 울긋불긋 희번덕이는 물결은 까치놀이라고 합니다. '까치-'는 날아다니는 새를 말하는 것이 아니랍니다. 까치저고리, 까치두루마기 따위 말에서처럼 여러 색상이 울긋불긋 어우러진 것을 말하지요. 같은 바다의 물결도 낮에는 메밀꽃이 되고, 아침저녁에는 까치놀이 됩니다.

> 누나, 무슨 소리야? **메밀꽃**은 메밀밭에서 피는 건데.

> 저기 하얀 물거품 보이지? **메밀꽃**이 일고 있어!

10 너울

바다에서 일어나는 사납고 큰 물결.

바다에서 일어나는 물결을 한자말로 흔히 파도(波濤)라고 합니다. 하지만 우리말에서는 세기와 모양에 따라서 물결의 이름을 여러 가지로 부릅니다. 그중에서 가장 거칠고 사나운 바다 물결을 너울이라고 하지요. 바람이 세게 불 때, 뱃전이나 방파제 따위에 부딪쳐 하얀 물보라를 일으키는 거친 파도가 바로 너울입니다.
너울이 이는 것을 '너울(이) 지다.' 또는 '너울이 치다.'라고 하지요. 너울을 줄여서 '놀'이라고도 한답니다. 바람이 불지 않는데도 치는 큰 파도는 '굼뉘'라고 합니다. 굼뉘는 바닷속에서 일어나는 파도지요.

 보시다시피 저렇게 **너울**이 치는데 배를 띄우라니요? 난 못 하우.
 어쩔 수 없군요. **너울**이 잠잠해지기를 기다리는 수밖에.

○월 ○일 ○요일

내 친구 가람이는 속이 참 깊다. 친구들을 생각해 주는 마음이
마치 깊은 **가람** 속 같다.

○월 ○일 ○요일

우리는 때마침 발견한 **옹달샘** 가에서 잠시 쉬어 가기로 했다.
돌샘에서 맑은 물이 흘러서 고인 **옹달샘**이었다.

○월 ○일 ○요일

우리는 **개울**에 이르자마자 물속으로 풍덩 뛰어들었다.
하지만 **개울물**에 기름 같은 것이 둥둥 떠다니고 있어서
얼른 뛰쳐나오고 말았다.

○월 ○일 ○요일

연어는 알을 낳을 때가 되면 떼를 지어 태어난 곳으로 다시
돌아간다고 한다. 거센 **여울**을 거슬러 오르는 연어는
어디서 그런 힘이 나오는 것일까?

○월 ○일 ○요일

한강으로 현장 학습을 나갔다. 우리는 꼭 평화 통일이 되게
해 달라는 소원을 담은 편지로 종이배를 만들어 **샛강**에 띄웠다.

○월 ○일 ○요일

포구 마을 사람들에게서는 비릿한 **갯냄새**가 났다.
나는 그 냄새가 싫었지만, 아빠는 사람 사는 냄새라며 좋아하셨다.

○월 ○일 ○요일

다도해에는 동그란 모양의 **알섬**들이 올망졸망 떠 있었다.
가끔은 물 위로 삐죽이 솟아난 **염**도 보였다.

○월 ○일 ○요일

그동안 정들었던 친구들과 헤어질 것을 생각하자 내 마음속에
밀물처럼 슬픔이 밀려왔다.

○월 ○일 ○요일

해넘이에 땅끝 전망대에 올랐다. **까치놀** 희번덕거리는 다도해
물결이 손에 잡힐 듯 출렁거렸다.

○월 ○일 ○요일

선생님께서 사고를 당하셨다는 소식을 듣고,
바다에 **너울**이 일듯 내 마음은 출렁거렸다.

때가 바뀌어요

01 철

한 해 가운데서 어떤 일을 하기에 적당한 시기나 때, 또는 계절.

우리나라는 봄 여름 가을 겨울, 네 철이 뚜렷하지요. 또 어떤 일을 하는 데 적당한 때를 철이라고 합니다. 모심기에 좋으면 '모내기 철', 벼 베기에 좋은 때는 '벼 베기 철'입니다. 철따라 꽃이 피고, 철따라 빛깔 고운 과일이 나오지요. 들에는 철따라 곡식과 남새가 자랍니다.

"철 묵은 색시 가마 안에서 장옷 고름 단다."는 말이 있습니다. 혼인만 해 놓고 오래도록 신랑 집에 가지 않은 철 묵은 색시의 게으름을 탓하는 말이지요. 또 일이 닥쳐서야 허둥지둥 서두르는 사람을 빗대는 말이랍니다.

- 선생님, 이번 시간에 공부하지 말고 놀게 해 주세요.
- 메뚜기도 유월이 **한철**이란다. 공부할 수 있을 때 열심히 공부해야지.

02 따지기

겨우내 얼었던 흙이 풀리려고 하는 초봄 무렵.

봄기운이 돌기 시작하면 겨우내 얼었던 흙이 녹아서 땅이 질펀하게 되지요. 이때를 따지기라고 합니다. '땅'이 '질다'는 말이지요. 밥이나 반죽 따위에 물기가 많으면 질다고 합니다. 밥이 질면 진밥이라고 하지요. 진밥의 반대말은 된밥이고요.

따지기는 '땅이 진 시기'입니다. 두꺼워 보이는 얼음도 속으로 녹아들고, 얼었던 땅은 풀리어 눅눅하게 되지요. 그러면 숲과 들에 봄빛이 번지기 시작합니다.

- 저기 강 얼음판에서 썰매 타고 놀면 재미있겠다.
- 안 돼! 요새는 **따지기**라서 얼음판에 들어가면 무척 위험하단다.

03 찔레꽃머리

찔레꽃이 필 무렵. 곧 초여름.

찔레꽃은 양지바른 산기슭이나 개울가에서 흔하게 볼 수 있어요. 해마다 5월이면 가시 돋친 줄기에 하얀 찔레꽃이 무더기로 피지요. 이처럼 찔레꽃이 처음 피기 시작할 무렵, 즉 초여름을 찔레꽃머리라고 합니다. 여기서 '머리'는 '처음'을 뜻하지요.

찔레꽃에는 슬픈 전설이 맺혀 있어요. 고려 시대에 '찔레'라는 처녀가 몽골 침략자들에게 끌려갔다가 십 년 만에 고향에 돌아왔대요. 그러나 가족이 이미 오간 데가 없어서 찔레는 동생 이름을 부르며 산골짜기를 헤매다가 죽었답니다. 그 뒤로 산골짜기에서 찔레를 닮은 하얀 찔레꽃이 피었대요.

엄마 잃은 소녀가 찔레꽃머리에 부르는 슬픈 노래를 들어 볼까요.

> 엄마 일 가는 길에 하얀 **찔레꽃**
> **찔레꽃** 하얀 잎은 맛도 좋-지.
> 배고픈 날 가만히 따 먹었다오.
> 엄마 엄마 부르며 따 먹었다오.
>
> -전래 동요, 〈찔레꽃〉

04 나무말미와 빨래말미

나무말미 장마 중에 날이 잠깐 개어서 풋나무를 말릴 만한 겨를.

빨래말미 장마 때 빨래를 말릴 만큼 잠깐 해가 드는 겨를.

우리나라는 초여름에 비가 많이 내립니다. 한 달 가까이 장마가 이어지기도 해요. 그럴 때는 햇볕 구경하기가 어렵습니다. 땔나무 말릴 틈도 없고, 빨래 말릴 겨를도 없지요. 하지만 아무리 끈질긴 장마철이라도 중간에 한겻쯤 반짝 햇볕이 드는 때도 있어요.

지루한 장마철, 잠깐 드는 햇볕에 눅눅한 이불이나 옷가지 따위를 말리는 때가 빨래말미입니다. 또 젖은 풋나무를 말릴 만한 때를 나무말미라고 하지요. '말미'는 바쁜 틈에 다른 일을 빌미로 얻은 짧은 시간을 말합니다. 무언가로 '말미암아 얻은 겨를'이지요.

- 이번 장마는 아주 끈질기네. **나무말미**도 없이 날마다 비가 내리니.
- **빨래말미**도 없어 집 안에 온통 자릿내가 진동을 하네요.

05 찬바람머리

아침저녁으로 찬바람이 불어오는 늦가을.

하늬바람이 불어 곡식이 여물고 나면 아침저녁으로 찬바람이 불어오기 시작합니다. 이처럼 가을철에 싸늘한 바람이 불기 시작할 무렵을 찬바람머리라고 해요. 찬바람머리에서 '머리'는 어떤 때가 시작될 무렵을 이르는 말입니다. 해 질 무렵을 '해 질 머리'라고 하는 것처럼 말이지요.
찔레꽃머리가 여름이 시작되는 때라면, 찬바람머리는 겨울이 시작되는 때입니다. 낙엽이 우수수 떨어지는 찬바람머리에 사람들은 겨우살이 준비를 하지요. 가난한 사람들에게 찬바람머리는 시름 많은 때이기도 하답니다.

🙂 어느새 **찬바람머리**네요. 아침저녁으로 제법 싸늘한 걸 보니.
🙂 **찬바람머리**에 아이들 감기 걸리지 않도록 조심해야겠어요.

06 서리가을

서리가 내리는 늦가을.

서리가을은 논두렁에 줄지어 선 볏짚 더미에 하얀 서리가 내려앉은 때입니다. 또 밭에 남은 남새도 서리를 맞아 시들해지는 때이지요. 서리가을에 가난한 백성들은 보릿고개에 빌려 먹은 곡식에, 눈덩이처럼 불어난 길미를 더하여 갚아야 합니다. 그러다 보면 또 곳간이 텅텅 비겠지요.

서리가을에는 빈 들녘에도 서리가 내리고, 가난한 농부들 마음속에도 서리가 내립니다. 하지만 사람들은 아궁이에 불을 지피듯, 마음속에 따뜻한 온기를 서로 지펴 주며 서리가을 찬 기운을 이겨 냈답니다.

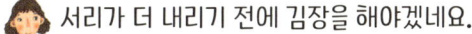

👵 **서리가을**이라서 텃밭에 배추도 힘이 없구나.

👧 서리가 더 내리기 전에 김장을 해야겠네요.

07 사리와 조금

사리 밀물과 썰물의 높이 차이가 가장 큰 때.
조금 밀물과 썰물의 높이 차이가 가장 작은 때.

바닷물은 하루에 두 번씩 높아졌다 낮아졌다 합니다. 밀물과 썰물이 겨끔내기로 들고 나는 것이지요. 그런데 음력 보름(15일)과 그믐(30일)에는 밀물과 썰물의 차이가 가장 큰 때입니다. 그래서 썰물 때 넓은 개펄이 드러나지요. 이런 때를 사리라고 합니다. 사리는 '한사리'의 준말이지요.

한편, 음력 여드레(8일)와 스무사흘(23일)경은 밀물과 썰물의 차이가 가장 작은 때입니다. 이런 때를 조금이라고 하지요. 조금에는 밀물과 썰물이 조금 들고 조금 나갑니다. 그리고 조금 때는 날씨가 궂은 경우가 많답니다. 그런 것을 일러 '조금치'라고 해요.

- 아빠, 내일 주말이니까 바닷가로 개펄 체험하러 가요.
- 내일은 음력 여드레니까 **조금** 때구나. 다음 주말은 개펄이 넓게 드러나는 **사리** 때니까 그때 가도록 하자.

08 한겻과 해껏

한겻   한나절의 2분의 1, 곧 반나절, 낮의 한때.

해껏   해가 질 때까지.

해가 떴다가 지는 동안을 둘로 나눈 것 중 하나가 '한나절'입니다. 또 한나절의 절반은 반나절이며, 그 반나절이 곧 한겻이지요. 하루 낮 시간을 보통 열두 시간으로 보면, 한나절은 대략 여섯 시간이고, 한겻은 세 시간이 되지요. 흔히 낮의 한때를 가리켜 한겻이라고도 합니다.

논밭에서 일하는 농부들이나 공사장에서 일하는 분들은 주로 해가 떠 있는 동안 일을 하지요. 이처럼 해가 뜰 무렵부터 해가 질 때까지 무언가 힘껏 일했을 때 '해껏 ~했다'고 말합니다. 그러니까 해껏은 한겻의 네 배가 되는 것입니다.

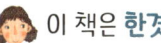 이 책은 **한겻**이면 충분히 다 읽겠지?

 말도 안 돼요! **해껏** 읽어도 다 못 읽어요.

 기쁨이의 일기

○월 ○일 ○요일

어머니께서는 **제철**에 난 것을 먹어야 한다며,
늘 시장을 샅샅이 뒤져서 신선한 먹을거리를 사 오신다.

○월 ○일 ○요일

따지기에 운동장에서 축구를 하고 놀았더니 신발이며
바짓가랑이가 온통 벌건 흙으로 범벅이 되어 버렸다.

○월 ○일 ○요일

오뉴월 **찔레꽃머리**에 옛날 백성들은 보릿고개를 지나느라고
매우 힘들었다고 한다.

○월 ○일 ○요일

옆집에 사는 친구 정현이가 이사를 갔다. 정현이와 함께
뛰어놀던 날들이 장마철 **나무말미**처럼 짧게만 느껴졌다.

○월 ○일 ○요일

요즘 같은 **찬바람머리**에는 시골에 홀로 계신 할머니가 생각난다.
날이 추워져서 이마에 주름살이 또 하나 늘어나실까 봐 걱정이다.

○월 ○일 ○요일

서리가을 아침 바람에 손이 시렸다. 숨을 내쉴 때마다
하얀 입김이 푹푹 뿜어져 나왔다.

○월 ○일 ○요일

우리는 **사리** 때 썰물에 드러나는 길을 이용하여 그 섬으로 갔다.
하지만 **조금** 때는 바닷길이 물에 잠기어서 배를 타고 다녀야 한다.

○월 ○일 ○요일

말도 없이 밖에 나간 동생이 **한것**이 지나도 들어오지 않았다.
엄마와 나는 **해껏** 동생을 찾으러 다녔다. 다리가 아팠다.

여줄가리 올림말

갸쭉하다	보기 좋을 정도로 조금 길다.
몰골	볼품없는 모양새를 나타내는 말.
바지랑대	빨랫줄을 받치는 장대.
밭은기침	병이나 버릇으로 소리도 크지 아니하고 힘도 그다지 들이지 않으며 자주 하는 기침.
벼릿줄	그물 위쪽의 코를 꿴 줄.
보굿켜	굵은 나무줄기의 두꺼운 껍데기를 떼어 낸 보굿의 속층. 코르크층.
불땀	불의 세기가 세고 약한 정도.
솎다	촘촘히 있는 것을 군데군데 골라 뽑아내어 성기게 하다.
숯등걸	숯이 타다 남은 굵은 도막.
시난고난	병이 심하지 않으면서 오래 앓는 모양.
어름	두 물건의 끝이 하나로 닿는 자리. 또는 물건과 물건 사이의 한가운데.
옹, 옹두리	나뭇가지가 부러지거나 상한 자리에 결이 맺혀 혹처럼 불퉁한 것.
워낭	마소의 귀에서 턱 밑으로 늘여 단 방울이나 쇠고리.
추레하다	겉모양이 깨끗하지 못하고 생기가 없다.
타래지다	동그랗게 포개어 감기거나 꼬이며 타래를 이루다. 연기. 구름. 먼지 따위가 빙빙 맴돌며 타래 모양이 되다.

제3부

동식물과 사물

우리 조상은 살아서 숨 쉬는 것을 '숨탄것'이라고 했습니다. 하찮은 짐승의 생명도 소중하게 생각하는 마음이 깃든 말입니다. 또 어떤 우리말은 숨 쉬지 않는 사물에도 생명을 불어넣어 줍니다.

숨 쉬며 살아요

01 숨탄것

숨을 타고난 것. 생명을 가진 여러 동물을 통틀어 부르는 말.

숨탄것에서 '-탄-'은 '태어날 때부터 어떤 성질을 타고난 것'을 말합니다. 그림을 잘 그리는 사람에게는 "그림 솜씨를 타고났다."고 말하지요. 재주는 좋은데 그것을 나쁜 쪽으로 사용하는 사람에게는 "타고난 재주가 아깝다."고 말하기도 합니다.

사람은 물론 생명을 가진 모든 동물은 숨탄것입니다. 길짐승도 날짐승도, 그리고 물고기와 작은 벌레 하나도 모두 숨탄것이지요. 숨탄것은 우리 조상이 가축이나 짐승의 생명을 소중히 여겨 부르던 말입니다.

강아지 그만 좀 괴롭혀라. 미물일망정 **숨탄것**을 그렇게 함부로 다루면 안 돼!

알았어요, 엄마. 강아지야 미안해.

02 길짐승과 날짐승

길짐승 땅에서 기어 다니는 짐승을 통틀어 이르는 말.

날짐승 날아다니는 짐승, 곧 새 종류를 말함.

좁은 뜻으로 짐승은 흔히 몸에 털이 나고 네발을 가진 동물을 가리킵니다. 하지만 짐승은 본디 '중생(衆生)'이 변한 말인데, 여기서 '중(衆)'은 무리를, '생(生)'은 살아 있음을 뜻하지요. 그래서 넓게 보면 생명을 가진 모든 무리가 짐승입니다. 땅 위를 기어 다니면 길짐승, 공중을 날아다니면 날짐승이지요. 집에서 기르는 가축은 집짐승, 들에 살면 들짐승, 산에 살면 산짐승이고요. 물에 사는 물개, 물소, 하마 따위는 물짐승이랍니다. 하지만 붕어나 송사리 따위는 그냥 물고기라고 하지요.

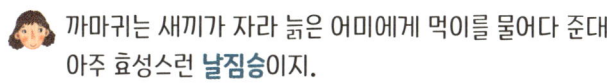

까마귀는 새끼가 자라 늙은 어미에게 먹이를 물어다 준대. 아주 효성스런 **날짐승**이지.

저도 커서 까마귀처럼 부모님께 효도할래요. 까악까악-.

03 서리병아리와 솜병아리

서리병아리 서리가 내릴 무렵인 가을에 깬 병아리.

솜병아리 알에서 깬 지 얼마 안 되는 병아리. 햇병아리.

병아리 몇 마리가 알에서 깨어나 삐악거립니다. 털이 솜처럼 부드러워 솜병아리지요. 그런데 하필이면 가을서리 내릴 무렵에 태어나서 서리병아리입니다. 서리병아리는 날이 추워서 견디기가 어려워요. 그래서 힘이 없고 몰골이 추레해집니다. 가엾은 서리병아리.

서리병아리들은 따뜻한 어미 품에 안깁니다. 그런데 유난히 몸이 약한 서리병아리 한 마리는 어미 품에 안기지 못하고 늘 떨고 있습니다. 그런 병아리를 '열쭝이'라고 합니다. 겁이 많고 나약한 사람을 빗대어 서리병아리, 또는 열쭝이라고도 하지요.

 유치원 아이들이 노란 옷을 입고 재잘대는 게 꼭 **솜병아리** 같지?

 그런데 뒤쪽에 **서리병아리**도 하나 있어요. 몸이 불편한가 봐요.

04 부등깃과 바람칼

부등깃 갓 태어난 새끼 새의 다 자라지 못한 약한 깃.

바람칼 새가 날갯짓을 하지 않고 빠른 속도로 날 때의 날개.

부등깃은 날개는 있지만, 연약하여 아직 날 수 없는 깃을 말합니다. 여리고 덜 자란 것을 빗대는 말로도 쓰이지요. 부등깃을 가진 어린 새는 아직 날 수가 없습니다. 하지만 날개가 다 자란 새는 힘차게 하늘로 날아오릅니다. 부등깃이 자라서 바람칼로 날게 되지요.

하늘에 떠 있는 새는 날개를 몸에 착 붙이거나, 쫙 펼친 채로도 상당히 먼 거리를 날아갑니다. 이처럼 새가 날갯짓을 하지 않고 빠른 속도로 날 때의 날개를 바람칼이라고 합니다. 예리한 칼끝으로 허공을 긋듯이, 날개로 바람을 가르며 날아가는 것이지요.

 어, 제비가 **바람칼**로 날아가고 있어.

하지만 **바람칼**로는 오래 날지 못할 거야. 날갯짓을 하지 않으면 땅에 떨어지거든.

05 비게질과 땅까불

비게질 말이나 소 따위가 가려워서 나무나 돌 같은 데에 몸을 비비는 짓.

땅까불 암탉이 땅바닥에 몸을 대고 비비적거리는 짓.

옛적 시골집에서는 닭을 마당에 풀어놓고 키웠습니다. 그러면 닭은 마당가에 있는 거름 더미를 파헤치거나, 마당에 말려 놓은 곡식을 흩뜨리기 일쑤지요. 그런데 가끔은 암탉이 저 혼자 땅바닥에 몸을 비비적거리면서 땅까불을 합니다. 알 낳을 자리를 고르는 몸부림이지요.

암탉이 땅까불을 하는 동안 외양간에 들어 있는 말이나 소는 쩌렁쩌렁 워낭을 울리며 담벼락이나 나무 기둥에 비게질을 합니다. 소가 화가 나서 뿔로 앞에 있는 것을 닥치는 대로 들이받는 짓은 '뜸베질'이라고 해요.

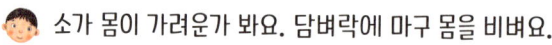
소가 몸이 가려운가 봐요. 담벼락에 마구 몸을 비벼요.

비게질하는 거란다. 몸을 비벼 댈 때마다 빠진 털이 날리는 게 보이지?

06 털붙이

털이 붙어 있는 짐승의 가죽. 또는 털로 짠 물건.

아주 오랜 옛날부터 사람들은 짐승을 잡아서 살은 고기로 먹고, 털붙이는 옷이나 목도리, 귀마개 따위를 만들어 추위를 막는 데 썼습니다. 털붙이를 흔히 한자말로 모피(毛皮)라고 합니다. 그래서 털붙이로 만든, 길고 두꺼운 겉옷을 보통 '모피코트'라고 하지요. 털붙이 옷인 모피코트를 만들려면 털 있는 짐승을 많이 죽여야 합니다. 세상 한쪽에서 짐승의 두툼한 살코기로 배를 채우며 그 털붙이로 몸을 따뜻하게 감싸고 있을 때, 어떤 나라에서는 수많은 어린이가 굶주림과 추위에 시달리고 있답니다.

 와, 저 모피코트 좀 봐요. 정말 멋지네요.

 저런 것을 너무 좋아할 게 아니란다. 저 **털붙이**에 죽은 짐승의 넋이 들어 있을 거야.

07 풀치와 고도리

풀치 갈치의 새끼.

고도리 고등어의 새끼.

갈치의 본말은 '칼치'입니다. 칼 모양을 닮은 물고기여서 그렇지요. 그런데 아직 덜 자란 갈치는 풀잎처럼 몸이 가느다랗습니다. 그래서 풀치입니다. 풀이 자라서 칼이 되는 셈이지요. 새끼 고등어는 고도리라고 합니다. 이처럼 동물의 새끼를 부르는 이름이 따로 있습니다.

우리가 잘 아는 송아지, 망아지, 강아지, 병아리도 짐승의 새끼를 부르는 이름이지요. 이 밖에도 새끼 가오리는 간자미, 새끼 농어는 껄떼기, 새끼 호랑이는 개호주, 새끼 꿩은 꺼병이, 새끼 곰은 능소니라고 부릅니다.

어시장도 끝물이라, 그나마 좌판이 두어 군데 남아 있는데 **풀치** 몇 마리가 전부였어요.

그렇다고 그냥 오면 어떡해요? **고도리**라도 몇 마리 사 오지.

08 붕장어

붕장어 과의 바닷물고기로 몸길이가 두어 자 정도이며 뱀장어와 비슷함.

붕장어를 '구멍을 뚫는 물고기'라고 합니다. 모랫바닥을 뚫고 들어가기를 좋아하기 때문이지요. 그렇게 낮에는 모래 속에 몸통을 반쯤 숨긴 채 머리를 쳐들고 있다가 다른 물고기들이 활동하지 않는 밤에 먹이를 잡아먹어요.

붕장어는 살 맛이 연하고 부드러워서 횟감으로 인기가 있습니다. 지방에 따라 붕어지, 꾀장어, 짱애, 참장어 따위로 부르기도 해요. 하지만 전국적으로 '아나고'라는 말로 부르지요. 우리말 붕장어는 사라져 버리고, 일본말 아나고만 쓰이고 있는 현실이 참 서글프지요?

- 붕장어는 값이 비싸지 않으면서도 담백한 맛이 그만이군!
- 붕장어 회 핑계 대고 술을 너무 많이 먹으면 안 돼요.

기쁨이의 일기

○월 ○일 ○요일

모든 **숨탄것**은 더불어 살아가는 것이어서 소중하다고 한다.
그러면 파리나 모기, 바퀴벌레도 **숨탄것**이므로 소중히 여겨야 할까?

○월 ○일 ○요일

하얀 숫눈 위에 **길짐승** 한 마리가 지나간 발자국만 점점이
찍혀 있었다.

○월 ○일 ○요일

따뜻한 봄날, 학교 앞에서 **솜병아리** 한 마리를 샀다.
서리병아리가 되지 않도록 많이 예뻐해 주면서 잘 키워야겠다.

○월 ○일 ○요일

마당에서는 병아리들이 **부등깃**을 세우며 폴짝폴짝 뛰고 있었다.
그때 솔개 한 마리가 **바람칼**을 세우고 마당으로 날아왔다.

○월 ○일 ○요일

암탉은 거름 더미 곁에서 **땅까불**을 하고, 바지랑대 끝에
앉은 고추잠자리는 눈알을 굴리며 망을 보고 있었다.

○월 ○일 ○요일

옆집 아주머니는 겨울이 되면 늘 **털붙이** 옷에 **털붙이** 목도리를
하고 다닌다. 우리 엄마는 **털붙이** 옷을 입지 않는다.
그래도 우리 엄마가 더 예쁘다.

○월 ○일 ○요일

내가 고등어자반을 좋아하기 때문에 엄마는 늘 시장에서
고등어를 사 오신다. 그런데 오늘은 웬일인지 자잘한 **고도리**만
골라 오셨다.

○월 ○일 ○요일

온 가족이 바닷가에 가서 **붕장어** 회를 먹었다.
아빠는 고소한 맛이 난다시며 맛있게 드셨다.
하지만 나는 무슨 맛인지 잘 모르겠다.

곱게, 푸르게 자라요

01 푸새와 남새

푸새 산과 들에 스스로 나서 자라는 모든 풀.

남새 들에 심어서 가꾸는 채소 따위.

산과 들에는 풀과 푸성귀가 스스로 자랍니다. 그런 것을 푸새라고 합니다. 잡풀이 무성한 거친 땅을 '푸서리'라고 하는데, 이 말도 푸새에서 갈라진 말이지요. 또 논밭에 난 잡풀을 뽑거나 베어 내는 일은 푸새다듬이라고 합니다. 푸새는 지천에 흔하게 널려 있는 풀이랍니다.

그런데 무나 배추처럼 사람이 밭에 심어서 가꾼 채소는 남새라 합니다. 그런 밭이 남새밭이지요. 오늘날 남새를 채소(菜蔬)라는 한자말로 흔히 부릅니다. 남새라는 우리말로 바꾸면 어떨까요?

🧓 저놈의 강아지가 또 **남새밭**에 똥을 쌌구나!

👧 똥만 싼 게 아니고 **남새** 싹을 마구 밟아 놓았어요.

02 장다리꽃

무, 배추 따위의 줄기에 피는 꽃.

식물은 대개 꽃을 피우고 씨를 흩뿌린 다음에 일생을 마칩니다. 그런데 무나 배추 따위 남새는 꽃을 피워 보지도 못하고 사람이나 짐승의 먹이가 되지요. 그래서 씨를 받기 위해 장다리무나 장다리배추를 남겨 두어야 합니다.

장다리무나 장다리배추는 꽃을 피우고 씨앗을 여물게 하는 데 모든 양분을 쓰게 되지요. 그러다 보면 뿌리에는 바람이 들고 잎사귀는 노랗게 시들어 죽습니다. 자식에게 일생을 쏟아붓고 늙어 가는 부모님을 떠오르게 하지요.

 텃밭에 버려진 배추 포기에서 **장다리꽃**이 피었어요.
 버림받은 배추가 저렇게 예쁜 **장다리꽃**을 피우다니, 놀랍구나!

03 개똥참외

가꾸지 않았어도 저절로 나서 열린 참외.

개가 참외를 먹고 아무 데나 똥을 누면, 똥 속에 섞여 있던 참외 씨가 저절로 싹이 틉니다. 그렇게 자란 줄기에서 열린 참외를 개똥참외라고 합니다. 개똥참외는 작고 맛이 없어서 보통은 먹지 않아요. 하지만 너무 배가 고플 때는 개똥참외도 꿀맛이지요.
"개똥참외도 가꿀 탓이다."는 속담이 있어요. 보잘것없는 집안에서 태어난 사람도 잘 가르치면 훌륭한 인물이 될 수 있다는 뜻이랍니다. 개똥참외는 흔히 작고 볼품없는 것을 빗대는 말로도 쓰이지요. 개똥참외를 소재로 한 〈타박네〉란 노래가 있습니다. 함경도 지방의 슬픈 민요지요.

> 우리 엄마 무덤가에 기어기어 와서 보니
> 빛깔 좋고 탐스러운 **개똥참외** 열렸기에
> 두 손으로 받쳐 들고 정신없이 먹어 보니
> 우리 엄마 살아생전 내게 주던 젖 맛일세

04 꽃다지

오이나 가지 따위의 맨 처음에 열린 열매, 또는 두해살이풀 이름.

꽃다지는 키가 한 뼘쯤 되는 두해살이풀 이름이기도 합니다. 뿌리에서 나온 잎이 방석처럼 땅에 깔립니다. 우리 땅 양지바른 산이나 논밭, 마당이나 운동장 구석에서도 볼 수 있지요. 꽃다지 어린 순은 나물로 무쳐 먹기도 합니다. 달래, 냉이와 함께 동요에도 나오는 봄꽃이지만 사람들은 꽃다지를 잡풀로 여기지요.

오이, 가지, 참외, 호박 따위에서 맨 처음에 열린 열매를 말하는 꽃다지는 '꽃닫이'가 바뀐 말입니다. 피어 있던 꽃을 닫으면서 열매가 맺힌다는 뜻이지요.

 운동장에 핀 개나리, 민들레, **꽃다지** 꽃이 참 예쁘구나.
 노란 꽃을 보니 봄나들이 가고 싶어요.

05 버즘나무와 방울나무

버즘나무 플라타너스 나무의 우리말 학명.

방울나무 플라타너스 나무를 북한에서 부르는 말.

버즘나무에서 '버즘'은 버짐의 사투리입니다. 살갗이 하얗게 되는 피부병을 말하지요. 플라타너스 나무껍질이 버짐처럼 보여서 생긴 이름입니다. 그래서 버즘나무는 잘 쓰이지 않지요. 버즘나무를 북한에서는 방울나무라고 합니다. 버즘나무보다 더 재미있는 이름이지요?

방울나무는 높이가 20~30미터나 됩니다. 아무 데서나 잘 자라고, 넓은 이파리가 무성합니다. 가을에는 탁구공만 한 갈색 열매가 방울처럼 맺혀서 방울나무라고 부르지요. 학교 운동장 구석이나 공원 주변, 또 길섶의 가로수로도 흔하게 볼 수 있답니다.

저 **방울나무** 아래서 딱지치기 하자.

그러다가 열매가 머리에 떨어지면 어떡해?

06 나무초리와 우듬지

나무초리 나뭇가지의 가느다란 끝부분.
우듬지 나무의 맨 꼭대기에 있는 줄기. 우죽의 꼭대기 끝.

나무에 우듬지는 하나지만, 나무초리는 여럿입니다. 초리는 '회초리', '눈초리'와 같이 길고 가느다란 것을 나타내지요. 짐승에는 꼬리가 있고, 새에게는 꽁지가 있듯이, 나뭇가지마다 초리가 있답니다. 나무줄기의 꼭대기 부분은 우듬지, 나뭇가지의 가느다란 끝부분은 나무초리입니다.

우듬지는 나무의 우두머리입니다. 한편, 대나무 따위의 우두머리에 있는 가지는 '우죽'이라고 부릅니다. 큰 나무의 우두머리는 우듬지, 작은 나무의 우두머리는 우죽이라고 할 수 있지요.

 방울나무 **우듬지**에 만국기가 걸려 있네.

 뒤쪽 **나무초리**에 종이 연도 걸려 있어!

07 보굿

굵은 나무줄기에 비늘같이 붙어 있는 두꺼운 껍데기.

늙은 소나무 밑동을 보면 금이 쩍쩍 벌어져 있어요. 물고기 비늘 모양의 두꺼운 껍데기가 조각조각, 더덕더덕 붙어 있지요. 힘을 주어 잡아떼면 그 껍데기가 한 조각씩 떨어져 나오는데, 그 떨어져 나오는 껍데기를 보굿이라 합니다. 보굿은 늙은 나무에서 볼 수 있습니다. 오랜 세월의 흔적이니까요.

보굿은 가벼워서 물에 잘 뜹니다. 그래서 고기잡이 그물의 버릿줄에 매달아 그물이 뜨게 하는 도구로 썼답니다. 물론 요즘에는 물에 더 잘 뜨는 합성수지를 주로 쓰지요.

아빠, **보굿**으로 배를 만들 수 있어요?

물론이지. 보굿켜를 파서 작은 거룻배를 만들어 줄까?

08 꽃보라

떨어져서 바람에 날리는 많은 꽃잎.

아무리 예쁜 꽃도 언젠가는 떨어집니다. 어떤 꽃은 한 송이씩 차례로 떨어지고, 또 어떤 꽃은 수많은 꽃송이가 무더기로 바람에 날려 떨어집니다. 바람에 눈이 날리면 눈보라, 빗방울이 날리면 비보라, 꽃잎이 날리면 꽃보라입니다.

꽃보라는 자연이 만들어 낸 멋진 작품입니다. 가끔 사람들이 여러 빛깔의 종이를 잘라 흩뿌려서 꽃보라를 만들기도 하지요. 경사스러운 일을 축하할 때에 높은 곳에서 종잇조각을 무더기로 뿌리는 것도 꽃보라입니다.

🧑‍🦰 처음 당신을 만나서 벚꽃 길을 따라 **꽃보라** 속을 걸었을 때가 그리워요.

🧑 비록 눈보라가 몰아쳐도 그때 그 마음으로 함께 걸어갑시다.

09 아람과 똘기

아람 밤이나 상수리 따위가 탐스러운 가을 햇살을 받아서 저절로 충분히 익어 벌어진 상태.

똘기 채 익지 않은 과일.

가을에 단풍이 물들기 시작할 무렵, 밤송이가 아람 벌어집니다. 토실토실한 알밤이 곧 튀어나올 듯하지요. 그 위로 탐스러운 가을 햇살이 떨어집니다. 이처럼 밤이나 상수리 따위가 충분히 익어 저절로 떨어질 정도가 된 상태나 그런 열매를 아람이라고 합니다. 똘기를 따 먹으면 배탈이 나기 쉽습니다. 옛적에는 뜰 앞에 서 있는 감나무, 살구나무, 복숭아나무 따위에 달린 똘기를 몰래 따 먹고 배탈 난 아이들이 많았지요. 똘기는 대개 떫은맛이 난답니다.

- 감이 너무 떫어서 못 먹겠어요. **똘기**인가 봐요.
- 그런 **똘기**는 버려라. 저쪽 숲에 가서 **아람** 벌어져 떨어진 알밤이나 주워 오자.

10 살사리꽃

코스모스 꽃의 우리말.

한해살이풀 코스모스는 신이 가장 먼저 만든 꽃이랍니다. 가을바람에 하늘거리는 모양이 애잔하고 가냘파서 순정, 순결, 진심, 애정을 나타내지요. 멕시코의 높은 산지에서 건너왔지만 지금은 여름에서 가을 사이에 여러 빛깔의 코스모스를 우리 땅 어디서든 볼 수가 있습니다.

우리나라에 들어온 코스모스를 많은 사람들이 살사리꽃이라고 불렀지요. 하지만 그 예쁜 이름이 표준말로 인정되지 않았답니다. 국어사전에도 살사리꽃이 코스모스의 잘못된 이름이라고 되어 있어요. 우리가 자꾸 써서 예쁜 꽃 이름 하나를 살려야겠지요?

- **살사리꽃**을 몇 송이 꽃병에 꽂아 두었는데 한나절도 안 되어 시들어 버렸어요.
- **살사리꽃**은 너무 연약해서 꺾으면 금방 시들어 버리지.

○월 ○일 ○요일

할머니는 오늘 **남새**를 가꾸는 터앝 귀퉁이에 봉숭아 씨를 심으셨다.
여름에 예쁜 봉숭아 꽃이 피면 손톱에 봉숭아물을 들여야겠다.

○월 ○일 ○요일

겨우내 할머니가 밭은기침을 하시는 동안에 텃밭 언 땅에서는
장다리꽃 망울이 꿈틀거리고 있었던 것이다.

○월 ○일 ○요일

뒷산 언덕 아래 양지바른 곳에 하얀 찔레꽃이 피었다.
누런 보리밭 귀퉁이에 **개똥참외** 한 그루가 자라고 있다.

○월 ○일 ○요일

아파트 놀이터 구석에 노란 **꽃다지**가 피어 있었다.
나는 친구들과 놀다가 그만 **꽃다지**를 밟고 말았다. 마음이 아팠다.

○월 ○일 ○요일

삐죽이 하늘을 찌르는 **우듬지** 위로 참새들이 포르르 날아올랐다.
그럴 때마다 잔가지 **나무초리**가 조금씩 흔들거렸다.

○월 ○일 ○요일

그 시골 학교 운동장 구석에는 밑동이 굵은 **방울나무**
몇 그루가 있었다. **방울나무** 가지 끝에는 운동회 때 매달았던
만국기 몇 장이 아직도 매달려 있었다.

○월 ○일 ○요일

할머니는 **보굿**처럼 거친 손바닥으로 내 등을 쓸어 주셨다.
가렵던 살갗이 시원해졌다.

○월 ○일 ○요일

엄마를 따라 벚꽃 놀이에 갔다. 저녁 무렵에 바람이 불자
꽃보라가 날렸다. 정말 멋진 풍경이었다.

○월 ○일 ○요일

가을을 주제로 그림 대회가 열렸다. 나는 도화지 위에 **아람** 벌어진
밤나무를 정성껏 그렸다. 상은 받지 못했지만 즐거운 하루였다.

○월 ○일 ○요일

길가에 한들거리는 하양, 분홍 **살사리꽃**이 우리에게 인사를
보냈다. 나는 저절로 웃음이 배어 나왔다.

이런 모습, 저런 쓰임새

01 보람과 살피

보람 다른 물건과 구별하거나 드러나 보이도록 하는 표시나 표지.

살피 두 땅의 경계선을 나타낸 표, 물건과 물건의 사이를 구별 지은 표.

보람은 '어떤 일에 대한 좋은 결과'를 뜻하는 말로 주로 쓰입니다. 물건을 구별하기 위해 붙이는 표지 따위도 보람이라고 하지요. 새 옷에는 옷값이나 크기를 적은 보람표가 달려 있어요. 여러 서류나 상품을 구분하기 위해 붙이는 '견출지'는 우리말로 보람표입니다.

살피는 땅과 땅, 물건과 물건의 갈피에 꽂아 두는 표시입니다. 책들 사이에 살피를 끼워 종류별로 분류하지요. 보람은 한 가지 사물에 달거나 붙이는 것이고, 살피는 여러 사물의 어름에 끼워서 표시하는 것입니다. 두꺼운 책갈피에 끼우는 줄은 '보람줄'이라고 하지요.

🧒 책꽂이에 **살피**를 꽂아서 교과서와 동화책을 분류해 보렴.

🧒 **살피**를 꽂아 두니까 정말 살펴보기가 쉽네!

02 가을부채

철이 지나 쓸모없게 된 물건.

'하로동선(夏爐冬扇)'이라는 한자말이 있습니다. '여름철 난로와 겨울철 부채'라는 뜻이지요. 즉 철에 맞지 않아서 쓸모없는 물건을 말하는데, 이를 우리말로는 가을부채라고 합니다. 그런데 왜 겨울부채라고 하지 않고 가을부채라고 했을까요?

겨울부채는 확실하게 제철이 지나서 당장은 아무런 쓸모도 없게 된 물건입니다. 잘 두었다가 이듬해 여름에 요긴하게 써야 하지요. 하지만 가을부채는 '조금만 일찍 있었더라면…….' 하는 아쉬움이 남아요.

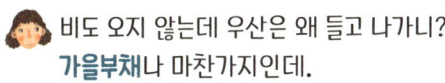 비도 오지 않는데 우산은 왜 들고 나가니? **가을부채**나 마찬가지인데.

이건 우산이 아니라, 햇볕 가리개예요.

03 시나브로와 곰비임비

시나브로 모르는 사이에 조금씩. 다른 일을 하는 사이에 조금씩.

곰비임비 물건이 거듭 쌓이거나 일이 계속 일어나는 모양.

사물의 변화나 어떤 일의 진행이 눈에 잘 띄지 않게 느릿느릿 이루어지는 것을 '시나브로 ~하다'고 합니다. 나무는 시나브로 자랍니다. 숲속 옹달샘은 시나브로 샘물이 채워집니다. 시난고난하던 병도 잘 다스리면 시나브로 나을 수 있습니다. 들에는 시나브로 곡식이 익어 가지요.

곰비임비는 사물이나 어떤 일이 눈에 띄게 변해 가는 것을 나타내는 말입니다. 등굣길에 아이들이 곰비임비 교문으로 들어갑니다. 함박눈이 펑펑 내리는 날, 마당에는 곰비임비 눈이 쌓여 가지요.

🧒 엄마, 스마트폰 게임 조금만 더 할게요.

👩 그러다 **시나브로** 게임 중독에 빠질 수 있어. 책을 많이 읽어서 **곰비임비** 교양을 쌓아야지.

04 샐쭉하다

사물의 모양이 한쪽으로 갈쭉이 샐그러져 있다. 타원형이다.

흔히 사물의 모양이 우글쭈글하게 비뚤어진 것은 '일그러지다'고 합니다. 그중에서 한쪽으로 갸름하게 배뚤어지거나 기울어진 것은 '샐그러지다'고 하지요. 특히 동그란 모양이 샐그러지면 '타원형'이 됩니다. 타원형을 우리말로 '샐쭉형'이라고 하지요.

달걀도 한쪽으로 샐그러졌어요. 땅벌의 모양도 약간 샐쭉형이고요. 럭비공은 생김새가 샐쭉하여 땅에 부딪치면 어디로 튀어 오를지 모릅니다. 마음이 샐쭉한 사람은 가끔 럭비공처럼 튀는 행동을 하지요. 샐쭉하다의 큰말은 '실쭉하다'입니다.

- 어, 공이 왜 이렇게 **샐쭉해졌지**?
- 바람이 빠지면 그렇게 **샐쭉하게** 되는 거란다.

05 마디다와 모지라지다

마디다 물건 따위가 잘 닳지 않고 오래 지탱하다. 자라는 속도가 더디다.

모지라지다 물건 끝이 닳아서 없어지다.

짚신은 신다 보면 금방 닳지요. 하지만 고무신이나 운동화는 잘 닳지 않아요. 고무신은 짚신보다 마디답니다. 마디다는 '자라는 속도가 더디다.'는 뜻도 있어요. 키가 마디게 커서 유난히 작은 친구들이 있지요. 도시의 가로수는 마디게 자란답니다.

오래 써서 모지라진 연필을 '몽당연필'이라 하지요. 빗자루나 붓 따위를 오래 쓰면 모지라져서 모지랑비나 모지랑붓이 됩니다. 이렇게 오래 써서 끝이 다 닳은 물건은 '모지랑이'라고 합니다. 마딘 것은 잘 모지라지지 않고, 잘 모지라지는 것은 마디지 않지요.

🧒 엄마, 용돈이 다 떨어졌어요. 연필은 다 **모지라지고요**.

👩 벌써 용돈을 다 썼어? 적은 돈도 아껴 써야 **마디지**.

06 옹글다

조각나거나 축나지 아니하고 본디 그대로다. 축나거나 모자라지 않다.

어떤 것이 가지고 있어야 할 내용에 조금도 모자람이 없는 상태를 옹글다고 합니다. 옹근 것은, 나뭇가지가 떨어진 자리에 지는 옹이나 옹두리처럼 작지만 빈틈이 없고 단단하지요. 이처럼 옹글다는 사물의 양이나 시간, 사람의 마음 등이 실속 있게 꽉 찬 상태를 말합니다.

매우 실속 있고 다부진 사람을 일컬어 옹글다고 합니다. 생각이 논리적이고 치밀한 사람은 옹근 사람입니다. 옹근 것 가운데서도 매우 옹근 것은 '옹골차다'고 하며, 실속 있게 꽉 찬 상태를 '옹골지다'고도 하지요.

- 쌀알이 참 **옹골지네요**. 그런데 이게 몇 말이나 되나요?
- **옹근** 다섯 말이오. 한 되쯤 남거든 덤으로 드리겠소.

07 성기다와 배다

성기다 물건의 사이가 뜨다. 반복되는 횟수나 정도가 뜨다.

배다 물건의 사이가 비좁거나 촘촘하다. 생각이나 안목이 매우 좁다.

'성기다'와 '배다'는 서로 뜻이 반대입니다. 너무 성긴 사람은 빈틈이 많고, 사람이 속이 너무 배면 큰일을 할 수가 없지요. 사람 사이에 만남이 너무 성기면 서로 서먹해지고, 만남이 너무 배면 시들해지지요. 성긴 눈발이 희끗희끗 날리면, 배게 들어찬 대숲 사이로 새들이 날아다녀요.

성기다와 '성글다'는 뜻이 거의 같은 말입니다. '뜨다', '드물다', '듬성하다', '뜸하다' 따위는 모두 성기다의 이웃사촌쯤 되는 말들이지요. 배다는 촘촘하거나 빽빽한 것을 말합니다. 한자말로 밀집(密集)한 것이지요.

텃밭에 난 배추 싹이 너무 **배지** 않아요?

좀 솎아 내서 **성기게** 해야겠어요.

08 달걀가리

달걀로 쌓은 가리. 곧 현실적으로 가능하지 않은 일.

볏단 따위를 쌓아 올린 것을 '가리'라고 합니다. 그런데 달걀로는 가리를 쌓을 수 없지요. 매끄러워서 잘 미끄러지니까요. 달걀가리는 현실에서 가능하지 않은 일을 쓸데없이 상상하는 사람을 빗대어 하는 말입니다.

"달걀도 굴러가다 서는 모가 있다."고 합니다. 어떤 일이든 순탄하기만 한 것은 아니라는 뜻입니다. 또 순한 사람도 언젠가는 화를 낼 때가 있다는 말이지요.

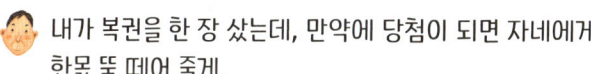

내가 복권을 한 장 샀는데, 만약에 당첨이 되면 자네에게 한몫 뚝 떼어 줄게.

괜히 **달걀가리** 쌓지 말고, 땀 흘려 하는 일을 찾아보게.

09 사위다와 사르다

사위다 불이 다 타고 사그라져서 재가 되다.

사르다 불에 태워 없애다.

사위다는 타서 사라지는 것이고, 사르다는 태워서 사라지게 하는 것입니다. 나무가 불에 타다 보면 시커먼 숯 덩어리가 남습니다. 다 타고 나면 재만 조금 남지요. 나무가 사위었기 때문입니다. 그렇게 '사위게' 하는 것을 사르다라고 합니다.
열정을 '불태우는' 사람이 있고, 젊음을 '불사르는' 사람이 있지요. 애가 끓고 속이 타다 보면 사람 마음도 사위어 갑니다. 태우거나 사르지 말아야 할 것에 불을 붙이는 것은 '지르다'라고 합니다. 불을 질러 멀쩡한 물건을 사위게 하면 큰 죄가 되지요.

- 당신이 회사를 그만두었을 때 내 마음이 하얗게 **사위어** 버렸어요.
- 미안해요. 당신 마음을 **사를** 생각은 없었어요.

10 꽃불과 잉걸

꽃불   이글이글 타오르는 불.
　　　　축하의 뜻으로 총이나 포로 쏘아 올리는 불꽃.

잉걸   활짝 피어 이글이글한 숯불.

불이 타는 상태를 나타내는 말이 여러 가지가 있습니다. 불땀이 가장 좋은 불은 꽃불입니다. 바람이 부는 날에는 꽃불이 바람에 타래져 불보라가 흩날립니다. 불꽃놀이 때 하늘에서 터지는 불꽃도 꽃불입니다.

장작개비나 숯에 꽃불이 일다 보면 벌겋게 달아오른 불덩어리가 남게 되지요. 그것이 바로 잉걸입니다. 잉걸불이라고도 하지요. 잉걸불이 다 타고 나면 시커먼 숯등걸만 남게 된답니다.

 1987년 여름에는 민주주의를 향한 민중의 함성이 마치 **꽃불**처럼 타올랐지요. 한번 타오른 불길은 걷잡을 수 없었어요. 여러분도 마음속에 정의감을 **잉걸불**처럼 보듬어야 해요.

11 생게망게하다

생급스럽고 터무니없어 도무지 알 수 없다.

하는 짓이나 말이 뜻밖이고 갑작스러우면 '생급스럽다'고 합니다. 엉뚱하고 새삼스러운 것이지요. 생급스러운 데서 한발 더 나가면 생게망게하다고 합니다. '세상의 사정에 어둡고 완고함'을 뜻하는 생경(生硬)이라는 한자말과 느낌이 통하는 우리말이지요.

세상에는 참 생게망게한 일도 있습니다. 평화를 지킨다면서 무기를 만드는 것은 생게망게합니다. 한여름에 갑자기 우박이 내리면 참 생게망게하지요.

🙂 아, 눈이 내렸으면 좋겠다. 친구들하고 눈싸움하고 놀게.
🙂 이 더운 여름날 무슨 **생게망게한** 소리야?

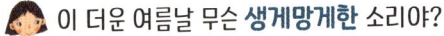

12 짱짱하다

생김새가 다부지고 동작이 매우 굳세다. 갈라지기 쉽게 몹시 굳다.

사람의 몸이 다부지고 몸짓이 매우 굳세면 짱짱하다고 합니다. 부드럽지 않고 메마르며 물러설 줄 모르는 사람의 성미도 짱짱하다고 하지요. 또 대나무처럼 단단하여 갈라지기 쉬운 물건도 짱짱하다고 합니다.

어떤 할아버지는 젊은 사람 못지않게 짱짱한 몸을 가지셨습니다. 그래서 한겨울에 짱짱한 얼음이 얼어 있는 개울가에서 찬물로 목욕을 합니다. 지역에 따라서는 망가지거나 부러지지 않을 정도로 단단한 물건의 성질을 짱짱하다고 말하기도 합니다.

- 엄마가 어제 사다 주신 머리핀이 구부러져 버렸어요.
- 겉으로는 **짱짱해** 보여서 샀는데, 속이 무른 것이었구나!

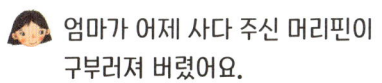

 기쁨이의 일기

○월 ○일 ○요일

옷 가게에서 영수증을 받아 든 엄마는 어리둥절한 표정을 지었다.
보람표에 적힌 옷값과 영수증에 쓰인 옷값이 서로 달랐기 때문이었다.

○월 ○일 ○요일

오늘은 마음먹고 책상 정리를 했다. 서랍 구석에서 **가을부채**나
마찬가지인 잡동사니들을 모두 꺼내어 버리고 나니 기분이 상쾌하다.

○월 ○일 ○요일

엄마가 편찮으셔서 누워 계시는 동안 개수대에는 **곰비임비**
빈 그릇만 쌓여 갔다.

○월 ○일 ○요일

시험이 끝나자마자 가람이가 **샐쭉한** 표정으로 뛰어나갔다.
나는 가람이를 쫓아가서 위로를 해 주었다.

○월 ○일 ○요일

운동화가 너무 **마디어서** 싫증이 난다.
어서 바닥이 **모지라져서** 새 운동화를 샀으면 좋겠다.

○월 ○일 ○요일

아빠는 **옹근** 한 달을 쉬는 날도 없이 일하신다. 어쩌다 하루라도
쉬는 날이면 온종일 주무시기만 한다. 많이 피곤하신가 보다.

○월 ○일 ○요일

성긴 빗줄기가 갑자기 드세어지더니 장대비가 내리기
시작하였다. 나는 가방을 머리에 이고 힘껏 뛰었다.

○월 ○일 ○요일

내일 학교에서 시험을 본다. 제발 내가 아는 문제만 나왔으면 좋겠다.
나는 왜 시험 때만 되면 공부는 하지 않고, **달걀가리**만 쌓는 것일까?

○월 ○일 ○요일

아버지는 돌아가신 할아버지의 옷가지를 마당에서 **사르며**
눈물을 흘리셨다. 할아버지 옷가지들은 불꽃 속에서 **사위어** 갔다.

○월 ○일 ○요일

오늘 학교에서 반장으로 뽑혔다. 내 마음속에는 **꽃불**이
타오르는 듯하였다. 열심히 봉사하여 우리 학교와 친구들에게
도움이 되어야겠다.

○월 ○일 ○요일

옆집 아저씨는 형편도 넉넉지 않으면서 엄청나게 비싼
외제 차를 타고 다니신다. 참으로 **생게망게하다.**

○월 ○일 ○요일

새로 오신 담임 선생님은 생김새가 **짱짱해** 보이셨다.
성미 또한 **짱짱하시어서**, 우리가 조금만 잘못해도 크게
혼내실 것 같다.

○월 ○일 ○요일

방울나무에서 떨어진 나뭇잎이 **시나브로** 날려 운동장 구석에 쌓여 간다. 어느새 가을이 깊어 가고 있다.

○월 ○일 ○요일

일요일에 할머니 댁 텃밭에 배추를 심었다. 내가 심은 배추 싹이 너무 **배서** 할머니가 나중에 솎아 내셨다.

○월 ○일 ○요일

즐거운 모닥불 놀이가 끝이 났다. 하지만 타고 남은 모닥불 속에 아직도 **잉걸**이 남아 있었다. 거기에 물을 부었더니 하얀 연기가 모락모락 피어올랐다.

여줄가리 올림말

다랍다   말이나 행동이 순수하지 못하거나 조금 인색하다.

대바르다   자기의 주장이나 의견이 똑바르고 세다.

바리때   절에서 쓰는 스님들의 밥그릇.

새치름하다   태도가 조금 쌀쌀맞고 시치미를 떼다.

서리서리   마음이나 감정이 복잡하게 얽혀 있는 모양. 또는 새끼, 실 따위를 헝클어지지 아니하도록 둥그렇게 포개어 감아 놓은 모양.

시렁   물건을 얹어 놓기 위하여 방이나 마루의 벽에 두 개의 긴 나무를 가로질러 선반처럼 만든 것.

헤살   일을 짓궂게 훼방함. 또는 그런 짓.

사람의 몸과 마음

사람 몸을 나타내는 우리말은 참 재미있습니다. 예쁜 몸짓과 마음을 나타내는 우리말도 많지요. 또 친구를 놀릴 때 빗대어 부르는 익살스러운 우리말도 있습니다. 우리말로 내 별명 하나 만들어 보면 어떨까요?

> 우리 몸은 소중해요

01 내림

부모나 조상으로부터 내려오는 유전적인 특성.

사람마다 체질이 있지요. 그것을 몸바탕이라고 합니다. 그런데 몸바탕은 저 혼자 된 것이 아니라 조상님이 물려주신 것이지요. 그래서 어버이와 자식은 몸바탕뿐만 아니라 생김새, 성격 따위도 닮았습니다. 그것은 유전자, 즉 내림 때문이지요. 그래서 우리 몸은 더욱 소중합니다.

어떤 집안이든 좋은 내림과 나쁜 내림이 있지요. 나쁜 내림은 이겨 내고 좋은 내림은 살려 내야 합니다.

🧒 길 건너 문구점 아저씨가 큰 병에 걸렸대요. 집안 **내림**이 있어서 늘 불안해하시더니…….

👦 그것 참 안됐네요. 그러니까 **내림**이 있으면 건강에 두 배로 신경을 써야 해요.

02 삭신

몸의 힘살(근육)과 뼈마디.

날이 궂으면 어떤 어른들은 삭신이 쑤시다고 합니다. 신경통이나 관절염을 앓기 때문이지요. 이런 분들은 찬바람이 불면 바람 든 뼈마디가 너무 아파서 신음을 합니다. 삭신이 먼저 날씨와 계절을 느껴 알려 주는 것이지요.

한창 자라나는 어린이의 힘살과 뼈마디는 삭신이라고 하지 않습니다. 삭신은 나이 많은 어른의 힘살과 뼈마디를 말해요. 너무 많이 써서 지친 힘살과 뼈마디랍니다. 그러니까 어른들 앞에서는 "아이고 삭신이야!"라고 말해서는 안 되지요.

- **삭신**이 쑤시는 걸 보니 비가 오려나 보다.
- 할머니, 제가 어깨 주물러 드릴게요.

03 활개

사람의 활짝 편 두 팔과 다리.

활개는 힘찬 모양을 나타내는 말입니다. 퍼덕거리는 새의 두 날개나 사람의 활짝 편 팔다리를 말하지요. 또 의기양양하게 휘젓고 다니는 몸짓은 '활개 친다'고 합니다. 걸을 때 앞뒤로 팔을 힘차게 움직이는 것은 '활갯짓', 뒷간에서 힘차게 내지르는 묽은 똥은 '활개똥'입니다.

"이불 속에서 활개 치다."라는 말이 있습니다. 정작 어려운 일을 당하면 해결하지 못하고 쩔쩔매면서, 평소에 큰소리만 치는 사람을 말하지요. 비슷한 속담으로 "다리 부러진 장수가 성안에서 호령한다."는 말도 있지요.

🧒 얍! 얍! 누나 괴롭히는 애들 있으면 말해. 내가 다 혼내 줄게.

👧 말은 고맙지만, 이불 속에서 **활개** 치지 마라.

04 무살과 대살

무살 단단하지 못하고 물렁물렁한 살.

대살 단단하고 야무지게 찐 살.

무살은 '물살'이 바뀐 말입니다. 살 속에 물이 든 것처럼 물렁물렁한 살이에요. 어린아이의 살은 대개 무살이지요. 대살은 단단하고 옹골지게 찐 살입니다. 성격이 곧고 꿋꿋하면 '대차다'고 하는 것처럼, 대찬 살이 대살이지요. '대-'는 단단하고 세찬 상태를 뜻합니다. 대살은 참살과 비슷한 말이에요. 어렸을 때는 무살이라도 열심히 운동을 하여 대살을 만들 수 있습니다.

무르고 푸석푸석한 살은 '푸석살'이라고 합니다. 오랜 세월 비바람에 시달려 푸석푸석해진 푸석돌 같은 살이지요. 푸석살은 할아버지들에게서 흔히 볼 수 있습니다.

05 염통

심장의 우리말.

우리 몸속에는 여러 가지 중요한 기관이 있어요. 그 가운데서 우리 몸에 도는 피를 만드는 기관이 심장(心臟)인데, 이를 우리말로 염통이라고 하지요. 이 밖에 지라(비장), 허파(폐장), 콩팥(신장), 큰창자, 작은창자, 쓸개 따위도 몸속 기관의 우리말 이름입니다.

"손톱 밑에 가시 드는 줄은 알아도 염통 밑에 쉬 스는 줄은 모른다."고 합니다. '쉬슬다'는 파리가 알을 까는 것을 말해요. 쉬는 나중에 구더기가 됩니다. 눈에 보이는 작은 일은 금방 느끼면서도 정작 큰일이나 손해를 깨닫지 못하는 것을 깨우치는 속담이지요.

● 선생님, **염통**이 멎으면 사람이 죽나요?

● **염통**이 멈추었다고 해서 사람이 죽었다고 볼 수는 없단다. 뇌세포가 살아 있다면 **염통**이 다시 깨어날 수도 있지.

06 강똥과 물찌똥

강똥 몹시 된똥. 변비에 걸려 겨우 누는 똥.

물찌똥 설사할 때 나오는 물기가 많은 묽은 똥.

우리는 똥을 '누기'도 하고 '싸기'도 합니다. 아랫배에 힘을 주어 밀어내는 강똥이나 활개똥은 '눈다'고 하고, 순식간에 쫙 쏟아지는 똥은 '싼다'고 합니다. 단단한 강똥은 '누는' 똥이고, 찍찍 내갈기는 물찌똥은 '싸는' 똥이지요.
몸이 건강하려면 좋은 음식을 먹는 것 못지않게 오줌과 똥을 잘 누는 것이 중요합니다. 변비에 걸려 강똥을 누거나 설사를 하여 물찌똥을 싸는 것은 몸에 좋지 않지요. 건강한 사람은 굵고 힘차게 나오는 활개똥을 눕니다.

엄마, 힘찬이가 **물찌똥**을 싸요.

걱정이구나. 어제는 **강똥**을 누느라고 뒷간에서 나오질 않더니.

07 민낯

화장하지 않은 맨얼굴.

어떤 엄마들은 늘 짙은 화장을 합니다. 잠을 자거나 아침에 막 깨어났을 때가 아니면 맨얼굴 보기도 어렵지요. 또 어떤 엄마들은 화장을 거의 하지 않고 민낯으로 다닙니다.

'민-'은 꾸밈새나 덧붙어 딸린 것이 없는 상태를 말합니다. 그래서 소매 없는 옷을 '민소매'라고 하지요. 또 '민-'은 우둘투둘하지 않고 평평하게 된 것을 말하기도 합니다. 나무가 없는 '민둥산'이나 정수리까지 훤하게 벗겨진 대머리를 뜻하는 '민머리'가 그런 말이에요.

🧒 당신은 **민낯**이 더 예뻐요. 그러니 화장하지 말고 그냥 갑시다.
👩 당신 **민머리**도 매력 있어요. 호호.

08 군침과 도리깨침

군침 공연히 입안에 도는 침.

도리깨침 너무 먹고 싶거나 탐이 나서 저절로 삼켜지는 침.

맛있는 음식을 보면 저절로 군침이 돌지요. 군침을 단침이라고도 합니다. 그런데 군침이 돈다고 해서 아무 음식이나 집어 먹으면 안 됩니다. 또 바르지 않은 이익이나 재물을 보고 군침을 흘려서도 안 되겠지요.

한꺼번에 군침이 많이 생기면 도리깨침입니다. 도리깨는 농촌에서 긴 장대 끝에 회초리를 매달아 곡식의 낟알을 떠는 데 쓰는 농기구입니다. '돌이채'가 바뀐 말이지요. 그래서 ㄱ자 모양인 도리깨가 꼬부라져 넘어가는 모양으로 침이 넘어가는 것을 도리깨침이라고 합니다.

🧓 푸릇한 산나물을 보니까 금세 **군침**이 도는구나.

🧑 저는 저절로 **도리깨침**이 도는걸요!

# 기쁨이의 일기

○월 ○일 ○요일

학교 백일장에서 상을 받았다. 선생님께서는 "글 잘 쓰는 것도
집안 **내림**이지만 스스로 더욱 노력을 해야 한다."고 말씀하셨다.

○월 ○일 ○요일

바람이 불거나 날이 조금만 흐려도 할머니는 **삭신**이 아프다고 하신다.
그러면서 텃밭에 심어 놓은 남새 걱정도 잊지 않으신다.

○월 ○일 ○요일

태권도를 배운 뒤 힘찬이는 **활갯짓**을 하고 다닌다.
그렇게 힘찬 모습이 참 보기 좋다. 그래서 이름도 힘찬이다.

○월 ○일 ○요일

오랜만에 할머니께서 오셨다. 내가 인사를 드리자 할머니는
내 손을 꼭 쥐어 주셨다. **푸석살**의 까칠한 느낌이 전해 왔다.

○월 ○일 ○요일
수업을 시작하자마자 선생님께서 숙제 검사를 하셨다. 나는 **염통**이 쿵쾅거리기 시작했다. 하필이면 내가 숙제를 안 해 온 날 검사를 하시다니…….

○월 ○일 ○요일
학교에서 온종일 배가 아팠다. 피식, 하고 방귀가 자주 나와서 냄새가 고약했다. 몇 번이나 화장실에 가서 **물찌똥**을 쫙쫙 쏟아 냈다. 정말 힘들고 끔찍한 하루였다.

○월 ○일 ○요일
옆집 아주머니는 늘 예쁘게 화장을 하고 다니신다. 하지만 늘 **민낯**인 우리 엄마가 더 예쁘다.

○월 ○일 ○요일
온 가족이 식당에 갔다. 고기를 주문해 놓고 기다리는데 옆자리에서 고기 굽는 냄새가 났다. 힘찬이는 **도리깨침**을 꿀꺽 삼켰다.

몸짓이 예뻐요

01 발장구

어린아이가 엎드려서 기어가려고 두 발을 아래위로 움직이는 짓.
헤엄칠 때 두 발로 번갈아 물을 차는 짓.

발장구는 태어난 지 몇 달도 되지 않은 어린 아기의 발짓입니다. 아직 길 줄도 모르는 어린 아기를 바닥에 엎어 놓으면 앞으로 나아가려고 발장구를 칩니다. 하지만 아무리 발장구를 쳐도 몸은 앞으로 나아가지를 않지요. 그럴 때 아기는 얼마나 답답할까요?

헤엄칠 때 발로 물 위를 잇달아 치는 몸짓을 물장구, 또는 발장구라고 합니다. 발장구, 물장구에서 '-장구'는 우리나라 전통 타악기입니다. 물장구나 발장구 칠 때 몸짓이 장구를 치는 것과 닮은 까닭에 생겨난 말이지요.

🧒 아기가 **발장구**를 치는 게 꼭 헤엄치는 것 같아요.
👧 너도 아기 때 저랬단다.

02 몸태질

악에 받치거나 감정이 격해져서,
기를 쓰며 몸을 부딪치거나 내던지는 짓.

몸태질은 네굽질보다 더 격한 몸짓입니다. 네굽질은 팔다리만 휘젓지만, 몸태질은 바닥을 뒹굴거나 몸을 벽에 부딪치면서 매우 거칠게 감정을 나타내는 몸짓이지요. 결코 예쁜 몸짓이 아닙니다.
아무리 화가 나더라도 몸태질을 해서는 안 됩니다. 더구나 다 커서 말귀를 알아들을 나이임에도 떼를 쓰며 몸태질을 하면 안 되겠지요. 하지만 유관순이나 안중근 의사처럼, 빼앗긴 나라를 되찾으려는 독립투사들의 몸태질은 숭고한 것이랍니다.

- 그 아이가 얼마나 화가 났으면 그렇게 **몸태질**을 했겠어요?
- 하지만 아무리 화가 나도 **몸태질**을 하는 것은 봐 줄 수가 없어요.

03 까치발

키를 높이기 위하여 발뒤꿈치를 드는 일.

까치발은 제 발 길이만큼 키를 크게 하는 몸짓입니다. 어린아이는 키가 작아서 까치발을 자주 하지요. 승강기 단추를 누를 때도 까치발, 버스 손잡이를 잡을 때도 까치발입니다. 또 창문 밖을 내다볼 때도 까치발이지요.

어떤 지방에서는 까치발을 '깨금발'이라고도 합니다. 하지만 남부 지방에서는 깨금발이 한 발로만 걷는 앙감질을 뜻해요. 그러므로 두 발뒤꿈치를 치켜드는 짓은 까치발이라고 해야 합니다. 까치발은 작은 키를 키우고 싶은, 애타는 마음이 들어 있는 몸짓입니다.

 이 옷걸이는 너무 높아서 옷을 걸 때마다 **까치발**을 해야 해요.
 알았다. 아빠께 말씀드려서 낮추어 달라고 하자.

04 까치걸음

아이들이 기쁠 때 두 발을 모아 뛰는 종종걸음.

까치는 두 발을 모아서 총총걸음을 옮깁니다. 모이를 찾아 까치걸음을 하는 것이지요. 아이들도 기쁠 때는 두 발을 모아 종종 뛰면서 까치걸음을 합니다. 그토록 바라던 장난감이 생겼을 때 "야, 신난다!" 하면서 총총거리는 것도 까치걸음이지요.

복도나 교실에서 쿵쿵 소리가 나지 않도록, 발뒤꿈치를 들고 살살 걷는 걸음도 까치걸음입니다. 또 탈춤이나 승무를 출 때 한 발에 두 걸음씩 내딛으며 빠르게 움직이는 춤사위도 까치걸음이라 하지요. 까치걸음은 마음이 즐거울 때 하는 몸짓입니다.

- 복도를 걸을 때는 손을 허리에 얹고 **까치걸음**을 해야 해요.
- 두 발로 종종 뛰면서 **까치걸음**해도 되나요?

05 나비눈

못마땅해서 사르르 눈을 굴려 못 본 체하는 눈짓.

어린 아기가 두 팔을 벌려 만세 부르며 자는 잠을 나비잠이라 하듯, 얼굴이 앙증맞고 예쁜 사람이 새치름한 표정으로 짓는 눈짓이 나비눈입니다. 얼굴은 그대로 두고 눈알만 사르르 굴려 다른 곳에 눈길을 두는 것이지요.
나비눈은 속으로는 그다지 싫지 않으면서 공연히 화난 척하는 눈입니다. 그런데 나비눈은 아무나 지을 수 있는 것이 아니지요. 연약한 어린이나 가녀리고 예쁜 사람이 뾰로통한 표정으로 짓는 눈짓입니다. 인상이 험악한 사람은 나비눈 하려다 '호랑이 눈'이 되고 말지요.

👦 늘 놀리기만 하고. 누나랑 다시는 안 놀아!
👧 그렇게 **나비눈**을 하니까 더 놀리고 싶은데.

06 손갓

햇살의 눈부심을 막고 멀리 보기 위하여 손을 이맛전에 붙이는 짓.

어두운 곳에 있다가 갑자기 햇살 밝은 곳으로 나오면 눈이 부셔서 눈을 잘 뜰 수가 없어요. 사람들은 그럴 때 저도 모르게 손을 이맛전에 갖다 대어 그늘을 만들지요. 그런 몸짓이 손갓입니다. 손을 갓 모양으로 이마에 붙인다는 뜻이에요.

손갓은 국어사전에 오르지 않은 순우리말입니다. 하지만 잘 살려 쓰면 매우 편리한 말이지요. "햇살에 눈이 부셔 손갓을 하고 먼 산을 바라보다."처럼 간결한 문장을 써서 글맛이 살아나게 할 수 있습니다.

햇살이 너무 강해서 눈을 뜰 수가 없어요.

아빠처럼 이렇게 **손갓**을 해 보렴.

07 손사래

어떤 말이나 사실을 부인하거나 남에게 조용히 하라고 할 때 손을 펴서 휘젓는 짓.

손사래는 손을 펴서 살래살래 잇따라 흔드는 몸짓입니다. 보통 '-치다'라는 말과 함께 씁니다. 그래서 흔히 "난 못 해."라고 말하면서 손사래를 칩니다. 또 상대에게 "하지 마."라고 할 때도 손사래를 치지요. 손사래를 줄여서 '손살'이라고도 한답니다. 손사래에서 '사래'는 '살래살래'에서 온 말입니다. 머리나 손 따위를 가볍게 가로흔드는 작은 몸짓을 나타내는 말이지요. 주로 거절하거나, 상대방에게 어떤 일을 하지 말라는 뜻으로 하는 몸짓입니다. 물론 강아지가 꼬리를 살래살래 흔드는 것은 반가움을 나타내는 것이지만요.

- 선생님께 드릴 선물을 도로 가져왔네?
- 한사코 **손사래**를 치면서 안 받으시겠대요.

08 기지개

피곤할 때에 몸을 쭉 펴고 팔다리를 뻗는 것.

우리는 잠에서 깨어날 때 기지개를 켜지요. 아침에 일어나자마자 기지개를 켜면 키 크는 데 도움이 된다고 합니다. 또 오랜 시간 의자에 앉아 있을 때도 기지개를 켜게 되지요. 기지개를 켜면 몸이 가뿐해지고 정신이 맑아집니다. 기지개는 잠든 뇌를 깨우는 몸짓이랍니다. 기지개를 켜는 순간 사람들 얼굴은 대개 느긋하고 평화로워 보이지요. 아침에 기지개를 켜는 사람 얼굴에는 잘 잤다는 만족감이 스며 있어요. 오랜 시간 열심히 일하고 나서 기지개를 켜는 사람 얼굴에는 뿌듯한 성취감이 배어 있지요.

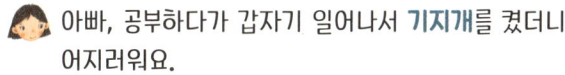

아빠, 공부하다가 갑자기 일어나서 **기지개**를 켰더니 어지러워요.

손발을 조금씩 움직이면서 천천히 일어난 다음에 **기지개**를 켜야지.

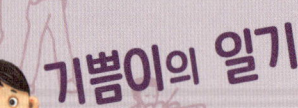 기쁨이의 일기

○월 ○일 ○요일

새로 태어난 사촌 동생을 보러 고모 댁에 갔다. 손뼉을 치며 부르자 아기는 **발장구**를 치며 내게 오려고 바동거렸다. 그 몸짓이 깜찍하고 귀여웠다.

○월 ○일 ○요일

체육 시간이었다. 반에서 키가 가장 큰 친구와 가장 작은 친구가 씨름을 하였다. 놀랍게도 작은 친구가 이겼다. 작은 친구는 거의 **몸태질**을 하듯 온몸을 내던지며 싸웠던 것이다.

○월 ○일 ○요일

할머니 말씀을 듣고, 나는 **까치발**을 한 채 시렁 위에 손을 뻗었다. 드디어 곶감이 손에 잡혔다. 나는 히죽 웃었다.

○월 ○일 ○요일

모양이 이상한 탈을 쓴 사람들이 **까치걸음**을 하며 탈춤을 추었다. 우리도 **까치걸음**을 하면서 그 뒤를 따랐다.

○월 ○일 ○요일

내 친구 가람이는 눈이 참 예쁘다. 나랑 놀다가 다투어 **나비눈**을 할 때는 더욱 귀엽고 예쁘다.

○월 ○일 ○요일

아빠는 가던 길을 멈추고 돌아서서 **손갓**을 하고 강 건너 쪽을 바라보았다. 할머니는 그때까지도 서서 우리 뒷모습을 지켜보고 계셨다.

○월 ○일 ○요일

할머니께서 시골에 가신다고 집을 나섰다. 엄마는 차비를 담은 봉투를 할머니께 드렸다. 그러나 할머니는 **손사래**를 치시며 끝내 받지 않으셨다.

○월 ○일 ○요일

내일은 시험이다. 나는 밤늦도록 공부하다가 일어나서 **기지개**를 켜며 시계를 보았다. 밤 열한 시였다. 어느새 잠잘 시간이 지나 있었다.

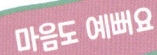

마음도 예뻐요

01 애면글면하다

약한 힘으로 무엇인가를 이루려고 온갖 힘을 다하다.

누군가 고생을 하였을 때 '애썼다'고 위로를 합니다. '애'는 근심에 싸인 초조한 마음속을 말합니다. 또는 몸과 마음의 수고로움을 뜻하기도 하지요. 그처럼 근심스럽고 초조한 가운데서도 온갖 힘을 다하여 애쓰는 모양을 애면글면하다고 합니다.

비록 힘은 약하지만 반드시 무언가를 이루어 내려고 젖 먹은 힘까지 내는 모습은 애면글면합니다. 애면글면하는 사람을 보면 그 마음이 애틋하게 느껴집니다. 그래서 작은 도움이라도 주고 싶지요.

- 혼자서 **애면글면하지** 말고 아빠에게 도와 달라고 하렴.
- **애면글면하더라도** 혼자서 문제를 풀어 보고 싶었어요.

02 낫낫하다

사물의 감촉이 몹시 연하고 부드럽다. 말이나 글이 감칠맛이 있다. 사람을 대하는 태도가 친절하고 부드럽다.

친절하고 부드러운 태도로 사람을 대하는 태도를 '나굿나굿하다'고 합니다. 낫낫하다는 바로 '나굿나굿하다'가 줄어든 말입니다. 사람의 태도나 됨됨이를 나타낼 때 주로 쓰는 말이지요. 요즘에도 나이 드신 분들 사이에서 더 쓰이는 말입니다.

낫낫하다는 지방에 따라서 조금 다른 뜻으로 쓰이기도 합니다. 북한에서는 그다지 굵지 않은 나뭇가지가 좀 길고 곧은 것을 낫낫하다고 합니다. '낫낫한 회초리'처럼 쓰지요. 또 전라남도 지방에서는 스스로 마음이 흡족하여 얼굴 표정이 환한 것을 보고 낫낫하다고 한답니다.

👧 조금 전에 그 사람, **낫낫하게** 말을 참 잘하네요.

👦 모진 데 없이 성격이 **낫낫해서** 괜찮아 보이더군요.

03 가리사니

사물을 판단할 수 있는 힘이나 능력 또는 판단의 기초가 되는 실마리.

가리사니는 '가리다'에서 나온 말입니다. '가리다'는 여러 가지 뜻이 있는데, 여럿 가운데서 바람직한 것을 구별하여 골라낸다는 뜻도 있지요. 또 '똥오줌을 가리다.'라고 할 때는 '뒷일을 보아도 좋을 자리를 구별하는 지각이 있다.'는 뜻입니다.

가리사니는 사물을 알아서 깨닫는 능력입니다. 세상을 가려서 볼 줄 아는 힘이나 능력을 말하지요. "가리사니를 잡을 수 없다."고 하면 '일의 갈피를 잡을 수 없다.'는 뜻입니다. 이때는 가리사니 대신 '가리새'라고 쓰기도 하지요.

- 새로 뽑은 부녀회장님은 정말 **가리사니**가 없어요.
- 그렇게 **가리사니** 없는 분을 왜 뽑았지?

04 결기

몹시 급한 성미.

결 바르고 결단성 있게 행동하는 성질.

결기에서 '결'은 겨울을 줄여 부르는 말입니다. 그래서 결기는 '겨울 같은 기운'입니다. 불의를 보면 참지 않고 결연한 의지를 가지는 것, 그것이 곧 결기입니다. '결기가 일어나는 것'을 '결이 나다.'고 하며, '성미가 곧고 바른 사람'을 일컬어 '결이 바르다.'고 하지요.

한편, '몹시 곧고 대바른 성격'을 일러 '결결하다'고 합니다. 결결한 성미를 주체할 수 없어서 끙끙 앓다 보면 병이 들기 십상이지요. 이런 병을 '화병'이라 하는데, 몹시 급한 성미로 말미암아 생기는 병입니다.

😀 아빠, 저 태권도 그만 배울래요. 너무 힘들어요.
😀 한번 마음먹었으면 반드시 하고 말겠다는 **결기**가 있어야지.

05 알심

~~속으로 은근히 동정하는 마음이나 정성.~~
~~겉보기와는 달리 속에 든 야무진 힘.~~

알심에서 '알'은 알갱이, 알몸, 알곡(穀) 따위처럼 말머리에 붙어 '껍데기를 다 벗어 버린 상태'를 뜻합니다. 또 '-심'은 마음[心]을 나타냅니다. 그러므로 알심은 겉치레로 드러내는 생색내기가 아닌, 마음속에 은근히 들어 있는 동정심이나 정성을 말합니다.
겉으로 보기에는 약골처럼 보이지만 실제로는 다부지고 야무지게 힘을 쓰는 사람이 있지요. 그런 사람을 '알심이 있다.'고 합니다. 이때 알심은 '알씸'이라고 짧게 소리 내야 합니다.

- 저 씨름 선수는 몸집은 작아 보여도 **알심**이 만만치 않습니다. 두고 보십시오.
- 네, 그렇군요. 시청자 여러분! 지금부터 저 선수가 **알심** 쓰는 모습을 지켜봐 주십시오.

06 애오라지

마음에 부족하나마 그저 그런대로. 넉넉하지는 못하지만 좀.

한 남자와 여자가 함께 공원 길을 걷습니다. 그러던 중 남자는 한껏 분위기를 잡고 여자에게 말합니다. "애오라지 당신을 사랑합니다."라고. 그러자 여자가 홱 돌아서서 가 버립니다. 왜 그랬을까요? 남자가 한 말은 '당신을 그저 그런대로 사랑한다.'는 뜻이었거든요.

이처럼 애오라지라는 말을 '오로지', '오직'과 같은 뜻으로 잘못 쓰는 사람들이 많습니다. 하지만 애오라지는 아주 흡족하지도 않고, 그렇다고 너무 미흡하지도 않은 그야말로 '적당한' 정도를 나타내는 말입니다. 정확한 뜻에 맞게 바르게 써야 합니다.

- 나는 **애오라지** 당신뿐이오.
- 말뜻대로 하면 내가 당신에게 '그저 그런' 사람이군요.

07 미쁘다

믿음직하고 진실하다. 미덥고 예쁘다.

미쁘다는 '미덥다'와 비슷하면서도 다른 말입니다. 미덥다에는 의심이 깔려 있지요. 주로 '못 미덥다'처럼 부정적인 뜻으로 쓰입니다. 하지만 미쁘다는 의심과는 상관없이 진실한 마음이 그대로 전해 오는 말입니다. 그래서 '못 미쁘다'는 말은 쓰지 않지요.
미쁘다는 '예쁘다'와도 뜻이 다릅니다. 예쁘다는 주로 사람과 사물의 겉모양을 나타냅니다. 하지만 미쁘다는 사람 마음씨에만 쓰는 말이지요. 믿음직하고 예뻐 보여서 기쁨이 느껴질 때 미쁘다고 하지요. 여기저기 눈치 살피는 사람은 미쁘게 보이지 않습니다.

👧 제가 잃어버린 지갑을 옆 반 친구가 주워서 돌려주었어요.
👧 참 **미쁘고** 예쁜 친구구나.

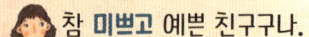

08 내리사랑과 치사랑

내리사랑 손윗사람의 손아랫사람에 대한 사랑.
특히, 자식에 대한 부모의 사랑.
치사랑 손아랫사람이 손윗사람을 사랑함, 또는 그런 사랑.

내리사랑과 치사랑은 사랑을 주는 방향이 정반대입니다. 그런데 "내리사랑은 있어도 치사랑은 없다."는 말이 있지요. 윗사람이 아랫사람을 사랑하기는 하여도 아랫사람이 윗사람을 사랑하기는 좀처럼 어렵다는 말입니다.

내리사랑은 주로 부모가 자식을 사랑하는 것을 말합니다. 반대로 치사랑은 자식이 부모를 사랑하는 일이지요. 치사랑에서 '치-'는 치받다, 치솟다 따위처럼 무언가를 위로 향하여 끌어올리는 것을 말합니다.

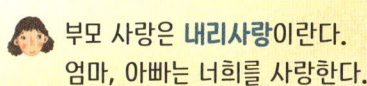

부모 사랑은 **내리사랑**이란다.
엄마, 아빠는 너희를 사랑한다.

엄마, **치사랑**도 있어요.
우리도 엄마, 아빠를 사랑해요.

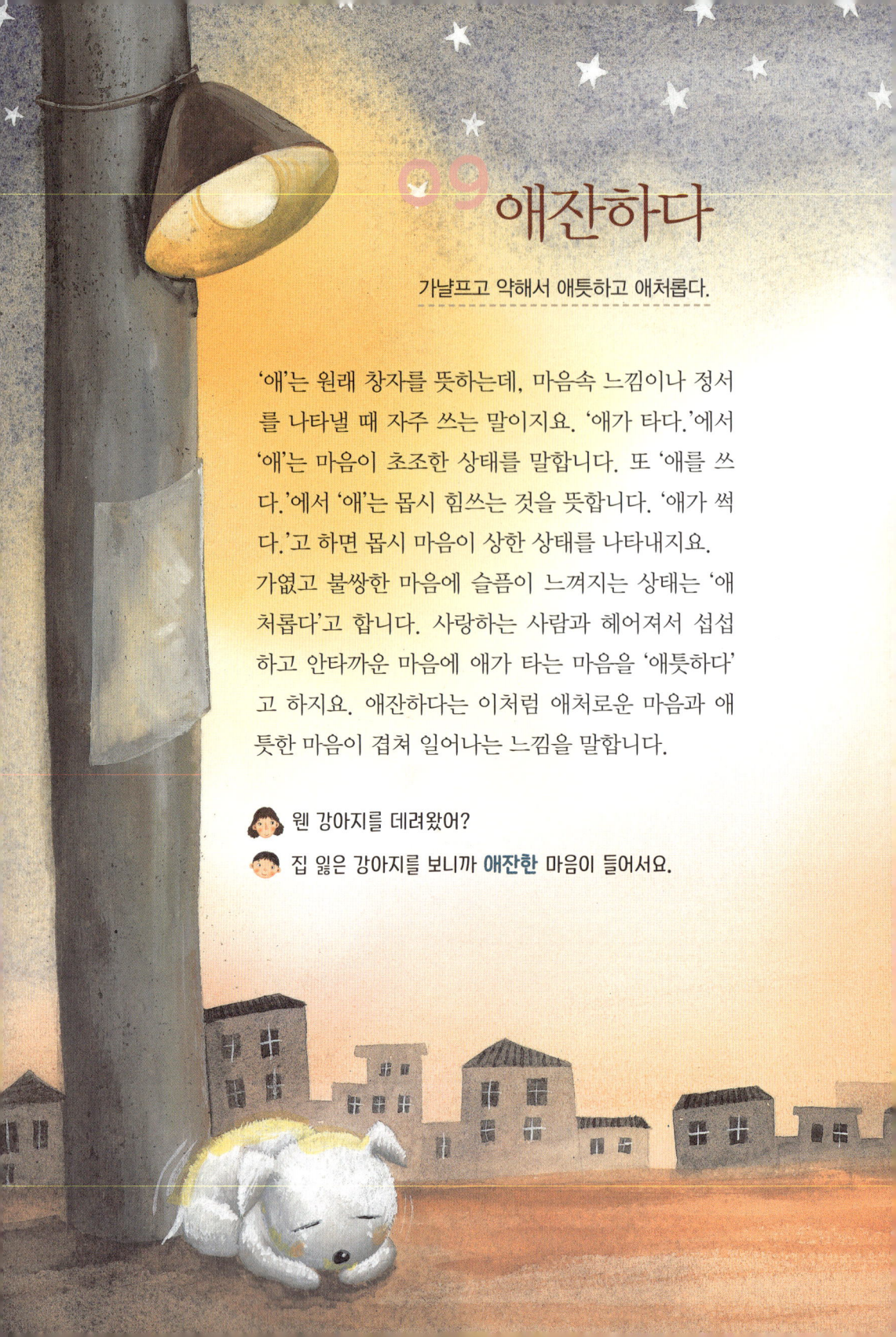

09 애잔하다

가냘프고 약해서 애틋하고 애처롭다.

'애'는 원래 창자를 뜻하는데, 마음속 느낌이나 정서를 나타낼 때 자주 쓰는 말이지요. '애가 타다.'에서 '애'는 마음이 초조한 상태를 말합니다. 또 '애를 쓰다.'에서 '애'는 몹시 힘쓰는 것을 뜻합니다. '애가 썩다.'고 하면 몹시 마음이 상한 상태를 나타내지요. 가엾고 불쌍한 마음에 슬픔이 느껴지는 상태는 '애처롭다'고 합니다. 사랑하는 사람과 헤어져서 섭섭하고 안타까운 마음에 애가 타는 마음을 '애틋하다'고 하지요. 애잔하다는 이처럼 애처로운 마음과 애틋한 마음이 겹쳐 일어나는 느낌을 말합니다.

👧 웬 강아지를 데려왔어?
👦 집 잃은 강아지를 보니까 **애잔한** 마음이 들어서요.

10 보짱과 배짱

보짱 마음속에 품은 꿋꿋한 생각이나 요량.

배짱 마음속으로 다져 먹은 생각이나 태도, 조금도 굽히지 아니하고 버티어 나가는 성품이나 태도.

보짱과 배짱은 둘 다 마음속에 다져 먹은 굳은 의지나 생각을 뜻하는 말입니다. 서로 거의 같은 뜻으로 쓰이지요. 그래서 남부 지방에서는 보짱을 배짱과 같은 뜻으로 쓰기도 합니다. 그런데 보짱과 배짱은 뜻은 비슷하지만 그 쓰임에는 조금 차이가 있습니다.
보짱은 마음속에 품은 결기를 뜻합니다. 꿋꿋한 의지를 마음속에 품고 있는 것이지요. 그런 결기가 겉으로 드러나는 것이 배짱입니다. 배짱은 한자말 배포(排布)와 뜻이 비슷해요. 들이밀고 나가는 성질, 결단, 추진력 따위를 아우르는 말이지요.

- 밥은 싫어, 안 먹을 거야! 햄버거 사 줘.
- 어디 **배짱** 내밀어 봐라. 그래 봐야 너만 배고프지.

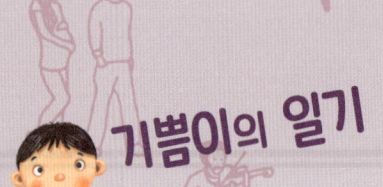

기쁨이의 일기

○월 ○일 ○요일

오늘은 엄마, 아빠 모두 퇴근이 늦으신 날이었다. 동생은 텔레비전만 보았다. 나 혼자서 **애면글면** 집 안 청소도 하고, 저녁을 준비했다.

○월 ○일 ○요일

사촌 언니가 남자 친구를 데리고 우리 집에 들렀다. 엄마, 아빠는 태도가 **낫낫하다**며 좋아하셨지만 나는 별로 맘에 들지 않았다.

○월 ○일 ○요일

오늘 수업 시간에 선생님께 엉뚱한 질문을 하여 핀잔을 들었다. 친구들도 모두 웃었다. 나는 왜 이리 **가리사니**가 없을까?

○월 ○일 ○요일

오늘은 녹두장군 전봉준 전기를 읽었다. 녹두장군의 삶에서는 나라와 겨레를 위해 몸을 던지겠다는 **결기**가 서리서리 묻어났다.

○월 ○일 ○요일

우리 선생님은 겉으로는 무뚝뚝해도 마음속에 **알심**이 있으시다. 그래서 형편이 어려운 아이들에게 몰래 학용품을 사 주시기도 한다.

○월 ○일 ○요일

시골 마을로 현장 학습을 갔다가 길을 잃어버렸다. 먹다 남은 김밥으로 **애오라지** 허기를 달래는데 선생님과 친구들이 나타났다.

○월 ○일 ○요일

우리 반 친구들 중에 정말 **미쁜** 친구는 손가락으로 꼽을 정도다. 나는 과연 다른 친구들에게 **미쁘게** 보였을까?

○월 ○일 ○요일

엄마, 아빠는 우리에게 아무런 조건 없이 사랑을 베푸신다. 그런데 우리는 **치사랑**은커녕 늘 불평만 늘어놓는다.

○월 ○일 ○요일

아파트 화단에 핀 꽃들이 **애잔하게** 바람에 흔들렸다.
길거리에는 낙엽이 **애잔하게** 굴러다니고 있다.
세상에는 **애잔한** 것들이 참 많다.

○월 ○일 ○요일

야영을 가서 담력 훈련을 하는데, **보짱**이 작은 친구들은 무섭다고 다 숨어 버렸다.

사람을 빗대어 불러요

01 검정새치

같은 편인 체하면서 남의 염탐꾼 노릇을 하는 사람.

사실은 새치이면서도 겉으로는 검은 머리카락인 척, 염탐꾼 노릇을 하는 사람을 검정새치라고 합니다. '세작', '간첩', '스파이' 모두 검정새치인 셈이지요. 새치는 보통 하얀 머리카락입니다. 반쯤 검은 새치도 있지만, 그런 새치라도 끝은 하얗지요.
검정새치는 앞뒤가 맞지 않은 말입니다. 그럼에도 검정새치라는 말이 생긴 것은, 염탐꾼 노릇을 하는 사람을 빗대어 나타내려는 것이지요. 이와 같은 말 표현법을 역설(逆說)이라고 합니다. 말이 안 되는 표현으로 오히려 사람들 관심을 끄는 방법이지요.

🧒 아빠, 어제 힘찬이가 축구공을 잃어버렸대요.

👦 비밀을 지키기로 약속해 놓고 말해 버리다니. 누나는 **검정새치**야!

02 고드름장아찌

말과 행동이 싱거운 사람을 농으로 일컫는 말.

'쇠고기장아찌'나 '오이장아찌'처럼, 장아찌는 간장에 절이거나 담근 반찬을 말합니다. 그러므로 당연히 짭짤한 맛이 생명이지요. 그런데 처마 밑에 얼어붙은 고드름을 따다가 간장에 절이면 어떻게 될까요? 다 녹아서 싱거운 물이 되고 말겠지요.
고드름과 장아찌는 서로 반대되는 성질을 가지고 있습니다. 하지만 고드름장아찌는 이 두 가지 성질을 매우 재미있게 엮은 말이에요. 실제로 고드름장아찌는 세상에 없습니다. 결국 맹물 같은 사람을 빗대려고 만들어 낸 말이지요.

- 새로 전학 온 친구는 멀대같이 키만 큰 **고드름장아찌**래요.
- 그 친구, 착하고 성격이 좋은 모양이구나.

03 두절개

두 절 사이를 오고가는 개, 두 가지 일을 한꺼번에 하는 사람.

산속에 있는 절에는 먹을 것이 많지 않답니다. 그나마 스님들은 바리때에 남은 밥풀떼기마저 물로 헹구어 마셔 버리지요. 그래서 절간에 사는 개는 얻어먹을 게 별로 없습니다. 그런데 두 절을 오가는 개는 사람들이 서로 미루며 먹을 것을 주지 않아서 더욱 배가 고프답니다.

"주인 많은 개 밥 굶는다."는 속담이 있어요. 서로 밥 주는 걸 미루어서 그렇습니다. 여러 가지 일을 좇다가는 한 가지도 이루지 못하지요. 그래서 "두 마리 토끼를 쫓지 말라." 또는 "한 우물을 파라."는 말이 나온 것입니다.

- 그 친구는 **두절개**마냥 여기저기 회사를 옮겨 다니다가 영영 실직자 신세가 되어 버렸지.
- 그러게 주인 많은 개 밥 굶는다고 하지 않던가.

04 윤똑똑이

저 혼자만 잘나고 영악한 체하는 사람을 홀하게 이르는 말.

한자말 '윤(閏)'은 음력 '윤달'을 이르는 말입니다. 음력과 양력의 날짜 차이를 해결하기 위하여 만들어 놓은 달이지요. 윤달은 '썩은 달'이어서 하늘과 땅을 주관하는 신(神)도 쉬는 달이라고 합니다. 또한 윤(閏)은 남의 자리를 빼앗은 임금을 나타내기도 합니다. 이처럼 '윤'은 현실에 존재하기는 하지만 '가짜'에 가까운 것을 말합니다. 윤똑똑이의 '윤'도 이 한자말이 변한 것으로 보입니다. 따라서 윤똑똑이는 가짜로 똑똑한 사람이지요.

- 따뜻한 가슴이 없으면 아무리 공부를 많이 해도 **윤똑똑이**일 뿐이지.
- 우리 반에도 공부만 잘하는 **윤똑똑이**들이 많아요.

05 불땔꾼

생각과 마음이 비뚤어져서 남의 일에 훼살을 잘 놓는 사람.

옛적에 증기 기관차에 석탄을 때거나, 절간 같은 곳에서 아궁이에 불 때는 사람을 한자말로 화부(火夫)라고 불렀지요. 화부를 우리말로 불땔꾼이라고 합니다. 그런데 사람 마음에 불을 때는 불땔꾼도 있지요. 다른 사람의 화를 돋우는 사람 말입니다.

불땔꾼은 마음씨가 바르지 못하여, 하는 짓이 험상하고 남의 일에 방해만 놓는 사람을 낮잡아 이르는 말입니다. 세상에 불을 땐다는 것은 어떤 일에 원인을 제공한다는 것입니다. 불땔꾼은 주로 나쁜 일을 일으켜서 다른 이의 마음을 다치게 하는 사람을 빗대는 말이지요.

- 윗집에 새로 이사 온 아주머니는 온 동네를 쑤시고 다니는 **불땔꾼**이지 뭐예요.
- 그럴 리가, 겉으로는 아주 점잖아 보이시던데.

06 돌림쟁이

남에게 따돌림을 받는 사람을 홀하게 이르는 말.

돌림쟁이는 한 모둠이나 한 동아리에 들지 못하고 따돌림당하는 사람을 낮잡아 이르는 말입니다. 여러 사람이 한 사람을 해코지하여 생겨난 이름이지요. 요즘에는 돌림쟁이를 속된 말로 '왕따'라고 부릅니다. '완전히 따돌림을 당하는 사람'을 말하지요.
여럿이 한 사람을 따돌려서 돌림쟁이로 만드는 것은 무서운 범죄입니다. 심하게 따돌림당한 돌림쟁이는 마음이 병들어서 자살과 같은 극단적인 길을 택하기도 해요. 주변에 한 사람이라도 돌림쟁이가 나오게 된다면, 우리 모두가 책임져야 할 일입니다.

저는 우리 집에서 **돌림쟁이**인가 봐요. 책 읽어라, 이 닦아라, 일기 써라. 식구들이 저만 귀찮게 하잖아요.

엄마가 그런 **돌림쟁이**라면 정말 좋겠다.

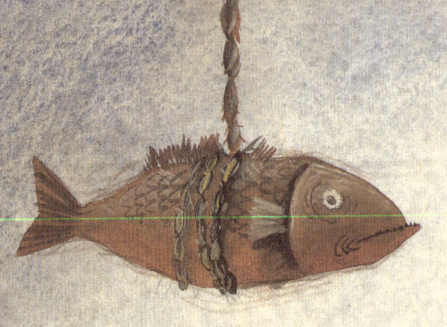

07 고바우와 자린고비

고바우 인색한 사람을 속되게 이르는 말.

자린고비 다라울 정도로 인색한 사람을 낮잡아 이르는 말.

고바우나 자린고비나 모두 매우 인색한 사람을 가리키는 우리말입니다. 고바우는 본디 '코바위', 즉 '코처럼 생긴 바위'라고 합니다.

자린고비는 '절은 굴비'에서 비롯된 말이라는 설이 있습니다. 또 제사를 지낼 때 쓰는 지방(紙榜)에서 죽은 어머니를 뜻하는 '고비(考妣)'라는 글자가 때에 절어 '절은 고비'가 되었고, 이것이 '자린고비'로 바뀌었다는 설도 있지요.

🙂 엄마, 저기 **고바우** 분식집에 가서 김밥 사 먹어요.
🙂 **자린고비**처럼 매우 인색한 집인가 보구나. 다른 데로 가자!

08 사시랑이와 깍짓동

사시랑이 가냘픈 사람이나 물건, 간사한 사람이나 물건.

깍짓동 콩이나 팥의 깍지를 줄기가 달린 채로 묶은 큰 단. 뚱뚱한 사람의 몸집을 빗댄 말.

사시랑이는 빼빼 마른 사람이나 길고 가냘픈 물건을 말합니다. 하지만 지나친 사시랑이는 '사그랑이'가 되기 쉽습니다. 사그랑이는 다 삭아서 못 쓰게 된 물건을 말해요.
한편, 뚱뚱한 사람을 깍짓동이라고 불렀습니다. 깍짓동이란 본디 마른 콩이나 팥, 참깨 따위 곡식을 털고 나서 남은 줄기를 모아 크게 묶은 단을 말합니다. 어른이 한 지게에 져 나를 정도의 큼지막한 원통 모양이지요.

 그만 먹어야지, 이러다가 **깍짓동**이 되겠어.

 사시랑이보다는 **깍짓동**이 낫지. 그렇게 밥을 조금 먹고 기운이 나겠냐?

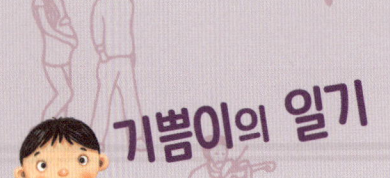

기쁨이의 일기

○월 ○일 ○요일

우리는 치밀하게 작전을 짠 다음에 축구 시합을 하였다.
하지만 옆 반 아이들이 우리 작전을 모두 꿰뚫고 있는 듯하였다.
아무래도 우리 반에 **검정새치**가 있나 보다.

○월 ○일 ○요일

새로 오신 담임 선생님 별명을 뭐라 지을까? 키가 크고, 말수도
없으시고, 농담도 잘 안 하시니까, **고드름장아찌**가 좋을 듯하다.

○월 ○일 ○요일

선생님께서는 한 손으로 삼각형을, 다른 손으로는 동그라미를
한꺼번에 그리며 말씀하셨다.
"봐라, 이처럼 한꺼번에 두 가지를 하려다가는 **두절개**가
되고 마는 거란다."

○월 ○일 ○요일

오늘 학급 회의를 하는데 몇몇 아이들이 잘난 듯이 제 주장만
되풀이하였다. 그런 **윤똑똑이**들 때문에 많은 친구들이 입을
다물고 있었다.

○월 ○일 ○요일

내 동생은 가끔 우리 집의 **불땔꾼**이다. 내 일기장을
훔쳐보기도 하고, 내 비밀을 엄마에게 일러바치기도 한다.
그럴 때마다 동생과 한바탕 싸운다.

○월 ○일 ○요일

우리 반에서 늘 따돌림을 당하던 친구가 기어이 전학을 가고 말았다.
그 친구를 **돌림쟁이**로 만든 아이들이 밉다.
나 혼자라도 친하게 지낼 걸 그랬다.

○월 ○일 ○요일

이번 달 용돈을 받은 지가 사흘도 되지 않았는데, 벌써 절반이나
써 버렸다. 지금부터라도 **자린고비**처럼 용돈을 아껴 써야겠다.

○월 ○일 ○요일

사시랑이처럼 허약했던 이모가 아기를 낳으신 뒤 **깍짓동**이
되었다. 아기와 이모 모두 건강하면 좋겠다.

여줄가리 올림말

가림막	커튼.
김첨지감	무엇이든 도깨비장난같이 없어지기 잘하는 것을 비유하는 말. 또는 어울리지 않는 벼슬.
나꾸다	'훔치다'의 은어.
두럭	놀이를 하려고 모인 사람의 무리.
모숨	한 줌 안에 들어올 만한 분량의 길고 가느다란 물건.
셈속	일이 돌아가는 사정. 속셈의 실상.
짬짜미	남모르게 자기들끼리만 짜고 하는 약속이나 수작.

제5부
모둠과 살이

사람은 혼자서 살 수가 없습니다. 서로 어울려 모둠을 이루고 삽니다. 그래서 사람을 사이좋게 만드는 예쁜 우리말이 많습니다. 더불어 공부를 즐겁게 하고, 놀이를 더욱 재미있게 하는 우리말을 알아봅니다.

> 사이좋게 살아요

01 동아리

목적이 같은 사람들이 한패를 이룬 무리.

동아리는 동창회나 계 모임과 같은 단순한 친목 단체와는 다릅니다. 같은 뜻을 가지고, 함께 모여 활동을 벌이는 패거리를 말합니다. 옛날 대학가에서는 동아리를 '서클(circle)'이라고 하였지요. 동아리는 '생선 가운데 동아리', '나무 아랫동아리'처럼 긴 물건의 한 부분을 말하기도 합니다. 짧고 작은 동강, 또는 그것을 세는 단위가 도막이라면, 동아리는 조금 더 크고 긴 물건의 한 부분을 가리킵니다.

- 학교에 우리말 **동아리**가 생겨났어요.
- 정말 잘된 일이구나. 그런 뜻깊은 **동아리** 활동은 한번 해 봄 직하겠다.

02 두레

농촌에서 농사철에 공동 작업을 위해 마을이나 몇 개의 두럭 단위로 만든 조직.

두레는 농번기에 농사일을 공동으로 하기 위하여 마을 단위로 만든 조직입니다. 모심기 두레, 김매기 두레, 길쌈 두레, 풀베기 두레 따위가 있었지요. 이처럼 두레는 일하는 공동체이면서, 놀며 여가를 즐기는 단위였습니다.

두레는 여러 가지 뜻으로 쓰인 말입니다. 동네 풍물패를 두레패라고 하며, 농민들이 음식을 장만하여 모여서 노는 것도 두레라고 합니다. 둥근 밥상을 일컫는 '두레상(床)'도 두레에서 갈라진 말이지요. 또 두레상 주위에 둘러앉아 음식을 먹는 것은 '두레 먹다.'고 합니다.

- 오늘은 **두레**생협에서 사 온 유기 농산물로만 밥상을 차리자.
- 요즘에도 **두레**가 있나요?

03 모꼬지

놀이나 잔치로 여러 사람이 모임.

'엠티(MT)'라는 외국말이 있어요. 영어 멤버십 트레이닝(membership training)을 줄인 말이지요. 동아리 활동을 잘하기 위해 수련회 따위를 하는 것을 말합니다. 그런데 지금은 '엠티' 대신 모꼬지라는 말이 널리 쓰입니다.

모꼬지는 흔히 산이나 강, 그리고 바다 같은 야외로 나가서 합니다. 이 때문에 '모꼬지 간다.'는 표현을 쓰기도 하지요. 하지만 엄밀히 따지면 바르지 않은 표현입니다. 모꼬지 자체가 '여러 사람이 모여 놀이판을 여는 것'을 뜻하므로 '모꼬지하러 간다.'고 해야 바른 표현입니다.

- 우리 가족도 일 년에 한 번씩 **모꼬지**하러 가요.
- 좋은 생각이다. 그럼 첫 **모꼬지**는 어디 가서 할까?

04 모둠과 모람

모둠 어떤 모임이나 단체를 다시 작게 나눈 집단. 조(組).

모람 모인 사람. 구성원, 회원, 주민.

학교에서 효율적인 학습을 위하여 학생들을 대여섯 명 정도로 묶은 단위를 모둠이라고 하지요. 흔히 '조별 토의'를 하는데, 이를 우리말로 하면 '모둠 토의'입니다. 북한에서는 '한데 모여 합치는 곳'을 모둠이라고 한답니다. 두 갈래 강이 흐르다가 하나로 합쳐지는 합수머리가 모둠이지요.

모람은 '모인 사람'을 줄여서 부르는 말입니다. 모둠에 속한 한 사람 한 사람을 말하는 것이지요. 모람이 모여서 모둠이 됩니다.

🧑 자, 이제 다섯 명씩 **모둠**을 지어서 큰 눈사람을 만들어 봐요.

🧒 저희 **모둠**은 **모람**이 네 명밖에 없어요.

05 해포이웃과 삼이웃

해포이웃 오랫동안 희로애락(喜怒哀樂)을 함께 나눈 이웃.

삼이웃 이쪽저쪽의 가까운 이웃.

"이웃끼리는 황소 가지고도 다투지 않는다."는 속담이 있어요. 손해를 보더라도 이웃과는 서로 화목하게 지내야 한다는 뜻입니다. 이처럼 우리 겨레는 이웃을 무척 소중히 생각하였지요. 그래서 이웃을 가리키는 말도 여러 가지가 있습니다.

이웃사촌이라는 말은, 멀리 사는 사촌보다 이웃이 더 가깝다는 뜻입니다. 오래된 이웃은 해포이웃이라고 합니다. 한 해가 넘도록 함께 살아온 이웃을 말하지요. 삼(三)이웃은 어느 특정한 이웃집이 아니라 가까이 있는 여러 이웃을 통틀어 일컫는 말입니다.

🙂 아유, 뭘 이렇게 가져오셨어요?
🙂 **해포이웃**끼리 서로 나누어 먹어야지요.

06 너나들이

서로 '너', '나' 하고 부르며 터놓고 허물없이 지내는 사이.

우리말은 높임말이 잘 발달되어 있지요. 그래서 친구나 아랫사람이라 할지라도 아주 가까운 사이가 아니면 함부로 '너'라고 부르지 않는답니다. 그런데 서로 '너', '나'라고 해도 전혀 불쾌하지 않을 사이라면 진짜 허물없는 사이지요. 이런 사이를 너나들이라고 합니다.

너나들이하는 사이에서는 굳이 깍듯이 예의를 갖추지 않고서도 속마음을 터놓고 친하게 지낼 수 있지요. 너나들이는 겉치레 예의가 아니라 서로에 대한 믿음이 두툼한 사이니까요. 하지만 너나들이 사이라도 너무 예의를 무시해서는 안 되겠지요?

- 엄마, 저기 가는 쟤들 전부 학교에서 내 졸개들이야!
- 아무리 **너나들이**하는 사이라도 그렇게 함부로 무시하면 안 된단다.

07 알음

사람끼리 서로 아는 일, 또는 알고 있는 일.

알음은 '알다'에서 나온 말입니다. '사람끼리 서로 아는 일'을 뜻하지요. 서로 낯이 익은 관계를 '알음이 있다.'고 합니다. 그리고 어찌어찌하여 서로 알게 된 관계를 '알음알음'이라고 하고, 그렇게 알게 되어 가까워진 관계를 '알음알이'라고 하지요.

지식이나 지혜가 있는 것을 '알음 있다.'고 합니다. 우리가 학교에 다니며 공부하는 이유도 알음 있는 사람이 되기 위해서겠지요. 또 어떤 일이나 수고에 대하여 알아주는 것도 알음이라고 합니다. 진정한 봉사 활동은 다른 사람의 알음을 바라지 않아야지요.

- 조금 전 그 사람, 서로 **알음**이 있는 사람이에요?
- 학창 시절에 **알음알음**으로 알게 되어, 지금까지 **알음알이**로 지내고 있는 친구예요.

08 여의다

죽어서 이별하다, 멀리 떠나보내다, 딸을 시집보내다.

여의다는 가까운 사람과의 이별을 말합니다. 죽어서 이별하거나, 멀리 떠나보내면서 하는 이별이지요. '부모를 여의다.' 하면 부모가 돌아가신 것을 말합니다. '임을 여의다.' 하면 사랑하는 임이 멀리 떠났다는 뜻입니다. '딸을 여의다.'는 딸을 시집보낸다는 말이지요.

한편, 아들을 장가보내는 것은 여의다라고 하지 않습니다. 옛날에 아들은 결혼해서 부모를 모셨기 때문이지요. 하지만 요즘에는 아들도 결혼해서 부모 곁을 떠나는 일이 많으므로 여의다고 해야 할 터입니다. 어떤 경우든 누군가를 여의는 것은 참 슬픈 일입니다.

할머니는 할아버지를 **여의고** 나서 반평생을 홀로 사셨단다.

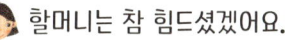
할머니는 참 힘드셨겠어요.

09 풋낯

서로 겨우 낯을 아는 정도의 사이.

사람과 사람의 관계는 참 복잡하지요. 그중에서도 서로 겨우 낯을 아는 정도여서, 마주치면 인사를 나누자니 쑥스럽고 그렇다고 모른 척하고 지나치기에는 조금 미안한 마음이 드는 친구가 있습니다. 그런 사이를 풋낯이라 합니다.

풋낯은 처음 보는 사이도 아니고, 그렇다고 잘 아는 사이도 아닙니다. 풋낯인 사람을 만나면 쭈뼛거리며 그냥 지나치는 것보다는 먼저 가벼운 웃음을 지어 보이는 것이 좋습니다. 그런 인사를 '풋인사'라고 하지요. 풋인사라도 자주 나누다 보면 풋낯이 '익은 낯'으로 바뀌게 됩니다.

🙂 너 저 애하고 친하니?

🙂 아니, 겨우 **풋낯**일 뿐이야. 하지만 친해지고 싶어.

10 한속과 한올지다

한속 같은 뜻이나 마음, 같은 셈속.
한올지다 사람의 관계가 한 가닥으로 꼬인 실처럼 매우 가깝고 친밀하다.

둘이나 혹 셋이서 마음이 척척 잘 맞는 사람들이 있습니다. 그럴 때 '한속 되다', '한속 같다'고 합니다. '한'은 하나라는 뜻이고, '속'은 사람의 마음입니다. 그러므로 한속은 한가지 속마음이에요. '한올'은 실 한 오라기를 말합니다. 여러 가닥이 한 올로 꼬인 것처럼 매우 가까운 사이를 가리키지요.
그러나 한속 되거나 한올진 것이 무작정 좋은 것만은 아닙니다. 너무 한속 되거나 너무 한올지게 되면 서로 짬짜미를 하는 수도 있습니다. 은밀하게 짬짜미하는 것은 비겁한 짓이지요.

🧑 요새는 아주 너희 둘이 **한속**으로 게으름을 피우는구나?
👧 동생과 **한올지게** 지내라고 하셨잖아요. 호호.

○월 ○일 ○요일

이번에 우리 **동아리**에서는 우리가 자주 쓰는 외래어를 수집하여 이를 바꾸어 쓸 우리말을 널리 알리는 활동을 펼칠 계획이다.

○월 ○일 ○요일

우리 반 친구들 열 명이 모여 풍물 **두레**를 만들었다.
함께 농촌 체험도 가고, 전통 놀이도 배우기로 하였다.
우리 **두레**가 잘되면 학교에 여러 **두레**가 만들어질 것이다.

○월 ○일 ○요일

우리 풍물반에서는 다음 주 월요일에 대학생 언니들과 함께
모꼬지를 하러 간다. 날이 춥지 않았으면 좋겠다.

○월 ○일 ○요일

어젯밤에 늦게까지 텔레비전을 봤더니 오늘 학교에서
하루 종일 졸렸다. 수업 시간에 **모둠** 토의를 하면서도 졸았다.
그래서 다른 **모람**들이 나를 놀렸다.

○월 ○일 ○요일

우리 아파트에서는 한 달에 한 번씩 이쪽저쪽 **삼이웃**이
모두 모여 봉사 활동을 하러 간다.

○월 ○일 ○요일

엄마는 옆집 아주머니와 **너나들이**하면서부터 얼굴 표정이 많이 밝아졌다. 사람은 역시 서로 어울려 살아야 한다.

○월 ○일 ○요일

나는 여러 사람과 **알음**하는 것이 불편할 때도 있다.
알음알이로 만난 친구들을 만나면 인사를 나누어야 할지 말아야 할지 망설여진다.

○월 ○일 ○요일

오늘은 옛날 소설 《심청전》을 읽었다. 어려서 어머니를 **여의고** 홀아버지 심 봉사의 손에 자란 심청이가 불쌍했다.

○월 ○일 ○요일

놀이터에서 그네를 타다가 만난 그 애와 나는 서로 **풋낯**이다.
어쩌다 만나면 손만 살짝 흔들어 준다.
다음에 보면 이름을 물어봐야겠다.

○월 ○일 ○요일

가람이와 나는 학교에서 **한올지게** 지낸다. 그래서 늘 **한속**이다.
다른 친구들은 우리를 몹시도 부러워한다.

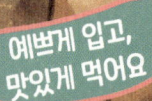
예쁘게 입고, 맛있게 먹어요

난든벌

난벌과 든벌, 또는 드나들면서 입을 수 있는 옷.

나들이할 때만 입는 옷이나 신발을 '난벌' 또는 '나들잇벌'이라 합니다. 같은 이치로 집에 들어와서 입는 옷이나 신발을 '든벌'이라고 하지요. 난벌은 많은 사람들에게 보이는 옷이므로 예의와 격식이 필요합니다. 반면에 든벌은 입기 편하면 그만이지요.

그런데 어느 정도는 격식을 갖추면서도 입기에 편한 옷도 있습니다. 이런 옷을 흔히 '캐주얼'이라고 하는데, 우리말로는 난든벌입니다. 난벌과 든벌을 아우르는 말이지요. 난든벌을 든난벌이라고도 합니다.

- 계절이 바뀌니까 입을 만한 옷이 없어서 불편해요.
- 이번에 상여금 받으면 **난든벌**로 두어 벌 장만해야겠어요.

02 진솔

한 번도 빨지 않은 새 옷이나 버선 따위.

빨래를 하여 이제 막 입은 옷을 '새물'이라고 합니다. 그런데 옷을 새로 지어 입고 아예 한 번도 빨지 않은 동안은 '첫물'이라고 하지요. 그런 첫물 상태인 버선이나 옷 따위를 진솔, 또는 진솔옷이라고 합니다. 진솔옷은 본디 봄가을에 다듬어 지어서 입는 모시 옷을 말합니다. 풀을 먹여 다듬이질 한 모시로 지은 새 옷은 풀기가 살아 있어 빳빳하고 까칠하지요. 그런데 이런 진솔옷을 단번에 찢어 먹거나 망가뜨리는 사람도 있었대요. 이처럼 칠칠치 못한 사람을 일러 '진솔집'이라고 놀렸답니다.

- 할머니, 제 **진솔옷** 어때요?
- 갓 지은 **진솔옷**을 입으니까 꼭 선녀 같구나!

03 오지랖

웃옷이나 윗도리에 입는 겉옷의 앞자락.

오지랖은 앞가슴을 감싸는 부분입니다. 오지랖이 넓으면 가슴을 넓게 감싸 줍니다. 그런데 남의 일에 지나치게 간섭하는 사람을 '오지랖이 넓다.'고 하지요. 또 그런 사람에게 "오지랖이 몇 폭이냐?"고 비아냥거리기도 합니다.

오지랖이 넓다는 것은, 남을 배려하고 감싸는 마음이 넓다는 뜻입니다. 다만 그 마음이 지나쳐서 남을 귀찮게 하였을 때, '오지랖이 넓다.'고 하는 것이지요. 오늘날에는 오지랖이 넓은 게 문제가 아니라, 다른 사람에게는 좀처럼 눈길도 주지 않는 좁은 가슴이 더 문제입니다.

🧒 넌 왜 그렇게 남의 일에 간섭을 하니?
👦 내가 **오지랖**이 아주 넓거든!

04 치레거리

모양새를 꾸미기 위한 여러 장식품.

잘 손질하여 모양을 내는 것을 '치레'라고 합니다. 그리고 그렇게 모양을 내는 데 쓰는 목걸이, 귀고리, 팔찌 따위 물건을 치레거리라고 하지요. 이처럼 예쁜 우리말이 있는데도 오늘날에는 거의 '액세서리'라는 외국말을 씁니다. 요새 어른들은 겉치레에 많이 신경을 쓰지요. 그러다 보면 무슨 일을 실속 이상으로 꾸며서 드러내게 됩니다. 예쁘게 보이기 위해서 치레거리로 몸을 치장하는 것은 탓할 일이 아니지만, 겉치레로 하는 인사치레는 하지 말아야지요.

🙎 이번에 소풍 가면 엄마 선물로 **치레거리** 몇 개 사 올게요.
🙎 인사치레라도 말은 고맙구나.

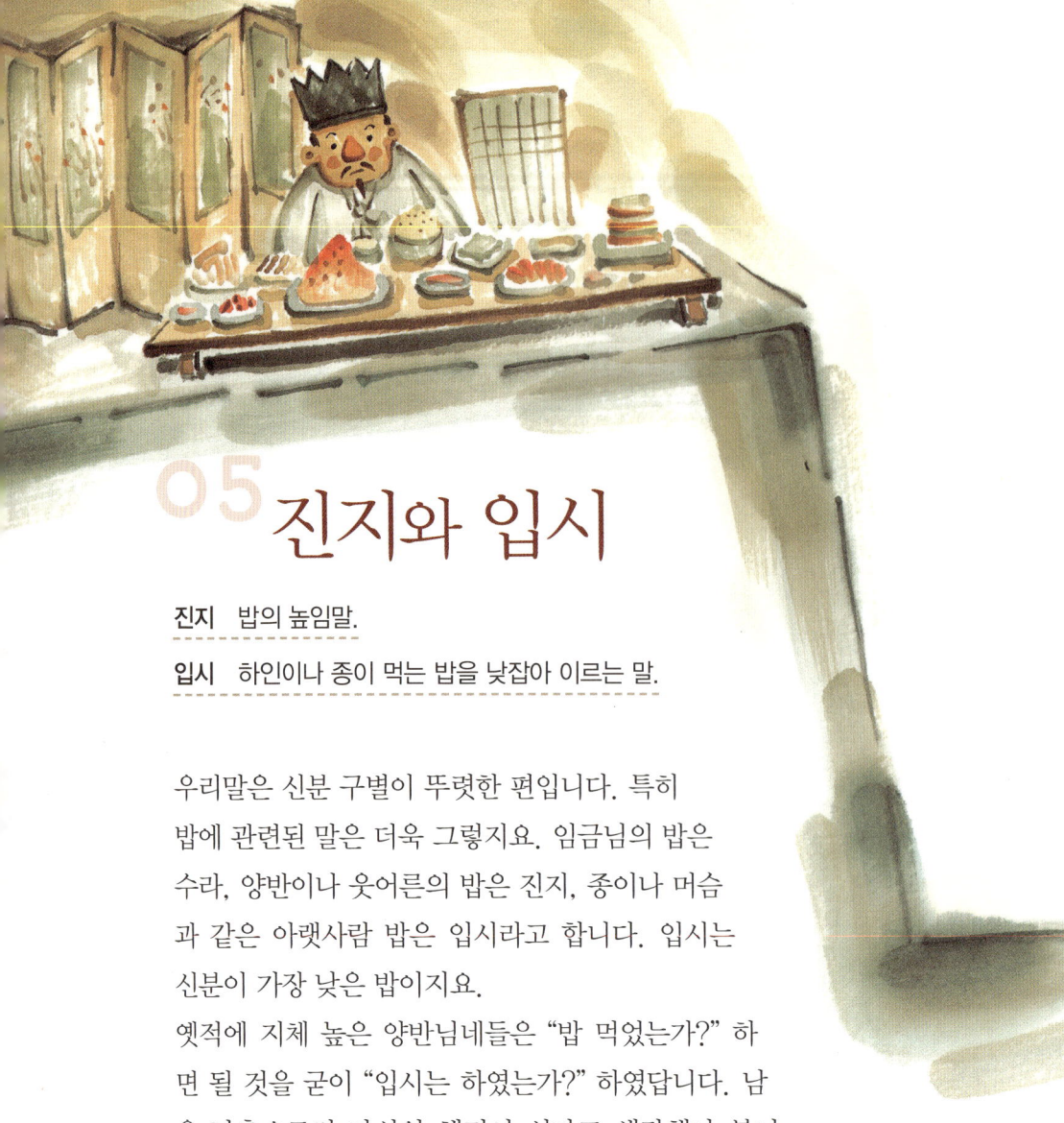

05 진지와 입시

진지 밥의 높임말.

입시 하인이나 종이 먹는 밥을 낮잡아 이르는 말.

우리말은 신분 구별이 뚜렷한 편입니다. 특히 밥에 관련된 말은 더욱 그렇지요. 임금님의 밥은 수라, 양반이나 웃어른의 밥은 진지, 종이나 머슴과 같은 아랫사람 밥은 입시라고 합니다. 입시는 신분이 가장 낮은 밥이지요.
옛적에 지체 높은 양반님네들은 "밥 먹었는가?" 하면 될 것을 굳이 "입시는 하였는가?" 하였답니다. 남을 낮춤으로써 자신의 체면이 선다고 생각했나 봅니다. 그런데 북한에서는 '변변하지 아니한 것을 조금 먹는 밥'을 입시라고 한답니다.

- 회사 형편이 어려우니 월급은 며칠만 기다려 주세요.
- 아무리 형편이 어려워도 제때 **입시**는 하도록 해 줘야지요.

06 쥐코밥상

밥 한 그릇과 반찬 한두 가지만으로 아주 간단히 차린 밥상.

"이걸 누구 코에 붙이라고……."
이런 말 들어 보았나요? 앞에 놓인 음식의 양이 너무 적다고 불만스럽게 하는 말입니다. 한입에 넣기에도 모자랄 만큼 양이 적어, 코에 대고 겨우 냄새나 맡을 정도라는 뜻이지요.
이처럼 쥐코밥상은 쥐가 먹기에도 모자라, 코로 겨우 냄새나 맡을 정도로 적게 차린 밥상을 말합니다. 예컨대 시커먼 꽁보리밥 한 그릇에 김치 몇 쪽과 간장 한 종지만으로 차린 밥상을 쥐코밥상이라고 하지요.

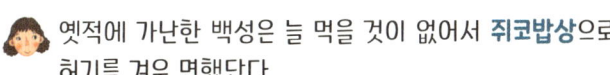 옛적에 가난한 백성은 늘 먹을 것이 없어서 **쥐코밥상**으로 허기를 겨우 면했단다.

 그런데 요즘은 살을 빼려고 **쥐코밥상**을 차리는 사람이 있대요.

07 초다짐과 입가심

초다짐   제대로 밥을 먹기 전에 우선 배고픈 것을 면하려고 간단히 먹는 일.

입가심   입안을 개운하게 가시어 내거나, 그렇게 하려고 먹는 간단한 먹을거리.

흔히 서양식 식사 전에 먹는 수프 따위를 '애피타이저', 식사 뒤에 먹는 과일이나 커피 따위를 '디저트'라고 하지요. 애피타이저는 우리말로 초다짐이고, 디저트는 입가심입니다. 입가심은 끼니와 상관없이 배가 고플 때 허기를 면하기 위해 조금 먹는 것을 뜻하기도 하지요.

옛적에 임금님이나, 잘사는 양반은 아침을 먹기 전에 보통 죽(粥)으로 초다짐을 하였답니다. 이를 '죽조반(粥早飯)'이라 하였지요. 또 밥을 먹은 뒤에는 주로 누룽지나 숭늉 따위로 입가심을 하여, 입속을 헹구지요.

🙍 엄마 배고파요, 얼른 밥 주세요!
🙍 금방 밥을 지어 줄 테니 우선 떡으로 **초다짐**이나 하렴.

08 소나기밥

보통 때는 많이 먹지 않던 사람이 갑자기 무섭게 많이 먹는 밥.

밥은 적당한 양을 먹어야 몸에 좋지요. 그런데 한번 입맛이 당기기 시작하면 소나기가 퍼붓듯이 허겁지겁 먹는 사람도 있습니다. 이렇게 먹는 밥을 소나기밥이라고 합니다. 소나기밥은 건강을 해치게 되지요.

공부도 평소에 적당한 분량을 정하여 꾸준히 해야 합니다. 갑자기 한꺼번에 해치우는 '소나기공부'는 좋지 않습니다. 또 느닷없이 소나기처럼 많은 재산을 갖게 되는 것도 자칫 정신 건강을 해치기 쉽지요. 밥이든, 공부든, 재물이든 한꺼번에 너무 많은 욕심을 부려서는 안 됩니다.

🙍 그렇게 **소나기밥**을 먹다가 체하기라도 하면 어떡해?
🙎 학교에서 점심도 못 먹었단 말이에요.

09 칼제비

밀방망이로 밀어 고르게 된 밀가루 반죽을 칼로 썰어서 물에 끓인 음식.

밀가루 반죽을 손으로 떼어 내어 물에 넣고 끓인 음식을 '수제비'라고 합니다. 수(手)는 손을 뜻하는 말이지요. 반면 밀방망이로 밀어 고르게 된 밀가루 반죽을 칼로 썰어서 물에 끓인 음식은 칼제비라고 합니다.
또 밀가루 반죽을 국수처럼 칼로 길게 썬 것은 칼국수라고 합니다. 이에 비하여 밀가루 반죽을 틀에 넣어 눌러서 한꺼번에 여러 가닥으로 뺀 국수는 틀국수라고 하지요. 수제비의 상대말은 칼제비이고, 칼국수의 상대말은 틀국수입니다.

😊 엄마 이건 칼국수예요, **칼제비**예요?
😊 이건 **칼제비**지. 싹둑싹둑 칼로 썰었으니 칼싹두기라고도 한단다.

10 차림표

식당이나 찻집 같은 곳에서 음식이나 음료 따위의 종목과 값을 적은 표.

'차림'은 음식 따위를 장만하여 갖추는 것을 말합니다. '잔칫상을 차리다.' 따위처럼 쓰이지요. 이 밖에도 차려야 할 것은 많습니다. 기운도 차려야 하고, 예의나 격식도 차려야 합니다. 또 낌새도 차려야 하며, 살림이나 가게 따위도 차리지요.

차림표는 상을 차릴 수 있는 음식 종류를 적은 표입니다. 그런데 요즘에는 거의 모든 사람들이 차림표 대신 '메뉴(menu)'라는 외국말을 쓰지요. 심지어는 메뉴표, 메뉴판 따위의 어색한 겹말을 쓰는 경우가 많습니다. 하지만 이는 엄연히 틀린 말이랍니다.

　　아저씨, 여기 메뉴판 좀 주세요.
　　저희 밥집에는 메뉴판은 없고 **차림표**만 있습니다.

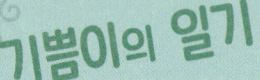 기쁨이의 일기

○월 ○일 ○요일

내일은 날씨가 무척 춥다고 한다. 추울 때 입을 만한 **난든벌**이 없어서 나는 엄마에게 짜증을 내고 말았다.

○월 ○일 ○요일

돌아가시기 얼마 전에 할아버지께서는 모시 **진솔** 두루마기를 입고 우리 집에 오셨다.

○월 ○일 ○요일

가람이는 가끔씩 친구들 일에 너무 간섭을 한다.
그래서 다른 친구들은 "**오지랖**이 넓다."며 가람이를 싫어한다.
하지만 나는 남을 잘 챙겨 주는 가람이가 좋다.

○월 ○일 ○요일

분식집 일로 늘 바쁜 엄마는 치레에 신경 쓸 겨를이 없다.
그래서 엄마는 그 흔한 목걸이나 팔찌 같은 **치레거리** 하나 없으시다.

○월 ○일 ○요일

아빠는 **진지**를 드시다 말고 숟가락을 살며시 놓았다.
어젯밤에 "식구들 **입시**도 못 시키게 되었다."며 한숨을 내쉬던 아빠 모습이 떠올랐다. 그래도 **진지**는 드셔야 할 텐데.

○월 ○일 ○요일

할머니는 시골에 계실 때면 혼자서 **쥐코밥상**을 차려 드신다.
이젠 나도 음식을 남기지 말아야겠다.

○월 ○일 ○요일

엄마와 함께 백화점 '시식 코너'를 한 바퀴 돌며 **초다짐**을 했다.
배가 부르자 우리는 아이스크림으로 **입가심**을 했다. 참 즐거웠다.

○월 ○일 ○요일

내일은 기말시험이다. 그런데 그동안 너무 놀아서 걱정이다.
소나기밥을 먹듯이 소나기공부라도 해야겠다.

○월 ○일 ○요일

오늘은 일요일이어서 점심때 엄마가 **칼제비**를 해 주셨다.
바지락 국물에 호박을 넣어 끓인 **칼제비**가 정말 맛있었다.

○월 ○일 ○요일

방학 동안에는 내가 저녁 식사를 준비하기로 했다. 오늘은 우선
내 손으로 할 수 있는 음식을 적어 예쁜 **차림표**를 만들었다.

땀 흘려 일해요

01 난든집

손에 익은 재주.

'난든집이 생겨서 손에 익숙하게 된 것'을 '난든집 나다.'고 합니다. 양궁 선수가 과녁 한가운데를 맞히는 것은 활쏘기에 난든집이 났기 때문이지요. 난든집이 난 요리사는 위험한 칼을 예술처럼 휘두르며 맛난 음식을 만듭니다. 훌륭한 작가는 글쓰기에 난든집이 난 사람이지요.

어떤 일이든 난든집이 나려면 많은 세월이 흘러야 합니다. 평생 한 가지 일을 갈고닦아서 난든집이 난 숙련된 노동자가 대접받는 세상이 되어야겠지요. 성실한 노동자가 난든집이 나기도 전에 일자리에서 쫓겨나는 것은 참 안타까운 일입니다.

👧 이 만화책 다 읽었다. 이제 네가 읽을 차례야.

👦 그렇게 두꺼운 만화를 벌써 다 봤어?
누나는 만화책 읽는 데 **난든집**이 났군!

02 갈무리

닥친 일을 처리하여 마무리함. 물건 따위를 정리하여 저장하거나 간수함.

갈무리는 아무렇게나 간수하는 것이 아닙니다. 너저분하게 흐트러져 있는 것을 갈래별로 정리한 뒤, 잘 마무리하여 저장하는 것이지요. 하던 말도 맺을 때가 되면 갈무리해야 합니다. 컴퓨터로 쓴 문서를 저장하는 것도 갈무리입니다.
갈무리는 '갈망'과 비슷한 말입니다. 어떤 일을 감당하여 수습하고 처리하는 것을 뜻하는 말이지요. 흔히 '뒷갈망하다'고 합니다. 공부든 일이든 벌이는 것보다 뒷갈망, 즉 갈무리가 더 중요합니다.

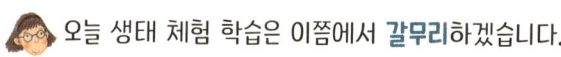 오늘 생태 체험 학습은 이쯤에서 **갈무리**하겠습니다.
🧒 우리가 마구 흩어 놓은 낙엽도 쓸어 모아서 **갈무리**해야죠!

03 겨끔내기

서로 번갈아 하기, 교대(交代).

같은 일을 시간에 따라 몇 사람이 번갈아 가며 일하는 것을 말합니다. 병원이나 경찰서, 소방서 등 밤낮으로 일하는 곳에서는 겨끔내기로 일하지요. 학교 앞 교통정리도 겨끔내기로 합니다. 먼 거리를 차를 몰고 갈 때는 겨끔내기로 운전하는 것이 안전합니다. 기계와 달라서 사람은 어느 정도 일을 하면 쉬어야 합니다. 그래서 긴 시간 동안 하는 일은 겨끔내기로 하는 것입니다. 물론 겨끔내기로 해서는 안 되는 일도 있지요. 공부를 두 사람이 겨끔내기로 할 수는 없겠지요?

😊 아빠, 이 수학 문제 어떻게 풀어요?
😊 아빠, 이 영어 문장 뜻이 뭐죠?
😠 그렇게 **겨끔내기**로 물어 오면 어떡해. 한 사람씩 차근차근 물어봐야지.

04 풀땜질

<u>근본적인 대책은 세우지 않고 임시로 수습해 넘어가는 것을 뜻하는 북한말.</u>

땜질은 금이 가거나 뚫어진 데를 때우는 것입니다. 옛적에 양은냄비나 솥에 구멍이 나면 쇠를 녹여 땜질을 하였지요. 옷이나 양말 뒤축이 해어진 데도 헝겊으로 땜질을 하지요. 어떤 일이 잘못되어 임시로 문제를 수습하는 것도 땜질입니다.

땜질을 북한에서는 풀땜질이라고 한답니다. 쇠를 녹여 단단하게 땜질해야 할 데를 풀로 붙여서 땜질하는 것을 말하지요. 문제를 제대로 해결하지 않고 적당히 얼버무리고 넘어가는 것입니다. 풀땜질을 흔히 '미봉책(彌縫策)'이라고 하는데 너무 어렵지요?

- 며칠 전에 사 준 장난감을 벌써 잃어버린 모양이지?
- 아니요. 친구 빌려 줬어요.
- 너 또 적당히 **풀땜질**하고 넘어갈 거니?

05 꼭짓집

빨래를 해 주고 그 꼭지 수효대로 삯을 받는 집.

옛날에도 세탁소가 있었을까요? 그렇습니다. 빨래를 해 주고 그 꼭지 수효대로 삯을 받는 집이 옛날에도 있었는데, 이를 꼭짓집이라 하였답니다. 오늘날 세탁소를 더러 '빨래방'이라고도 하지요. 하지만 꼭짓집이라는 예쁜 이름이 옛날부터 있었습니다.

꼭짓집에서 '꼭지'는 '미역 한 꼭지'처럼 모습을 지어 잡아맨 물건을 세는 단위입니다. 실의 길이를 잴 때 스무 자(6.66미터)를 한 꼭지라고 합니다. 또 일정한 양으로 묶은 원고 뭉치를 '한 꼭지'라고 부르지요. 이처럼 오늘날에도 '꼭지'가 단위 말로 쓰이고 있습니다.

🧑 네거리 **꼭짓집**에 가서 아빠 양복 좀 찾아올래?
👧 네, 아빠. 그런데 꼭지 수효대로 심부름값 주실 거죠?

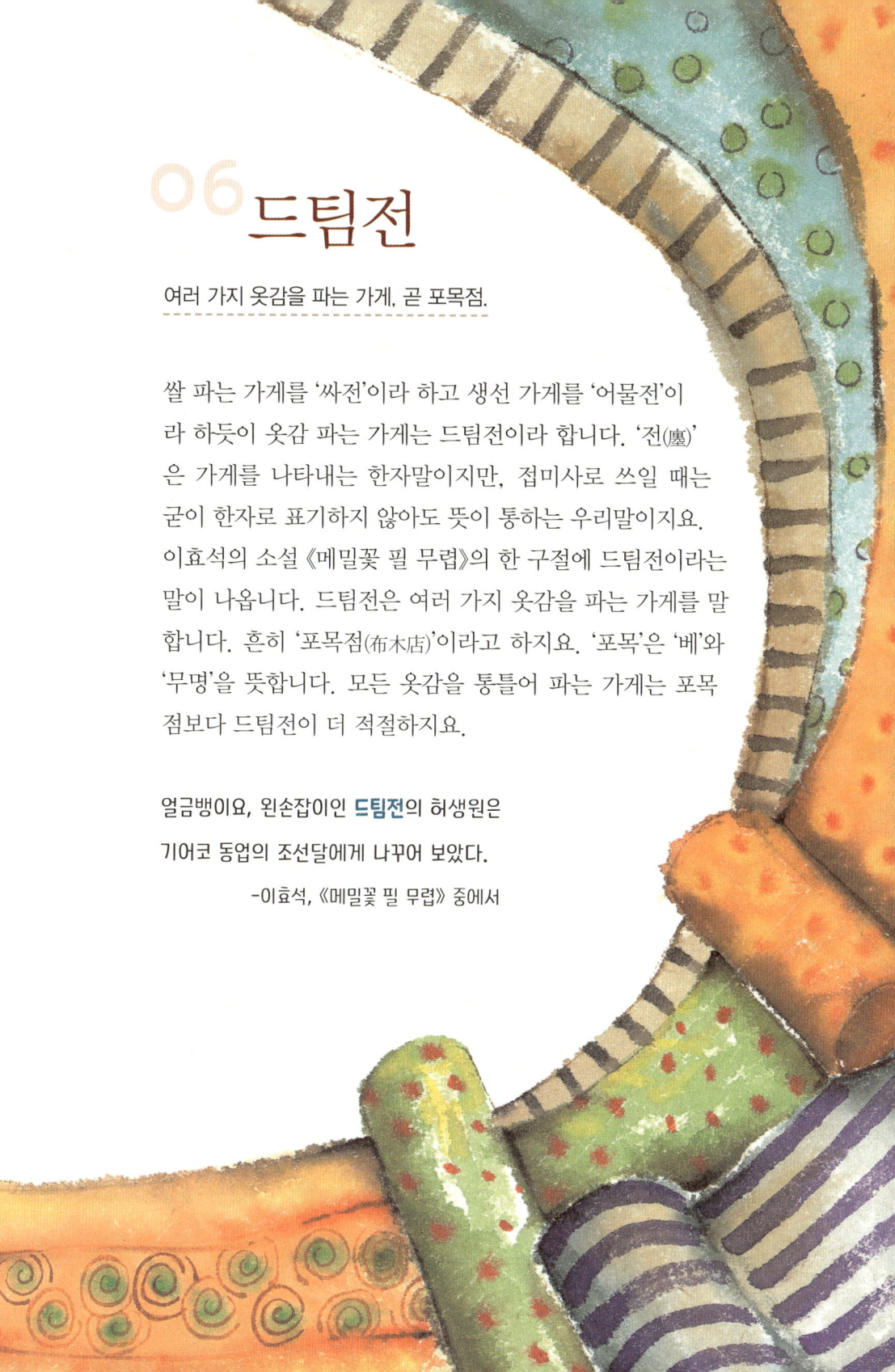

06 드팀전

여러 가지 옷감을 파는 가게, 곧 포목점.

쌀 파는 가게를 '싸전'이라 하고 생선 가게를 '어물전'이라 하듯이 옷감 파는 가게는 드팀전이라 합니다. '전(廛)'은 가게를 나타내는 한자말이지만, 접미사로 쓰일 때는 굳이 한자로 표기하지 않아도 뜻이 통하는 우리말이지요. 이효석의 소설 《메밀꽃 필 무렵》의 한 구절에 드팀전이라는 말이 나옵니다. 드팀전은 여러 가지 옷감을 파는 가게를 말합니다. 흔히 '포목점(布木店)'이라고 하지요. '포목'은 '베'와 '무명'을 뜻합니다. 모든 옷감을 통틀어 파는 가게는 포목점보다 드팀전이 더 적절하지요.

얼금뱅이요, 왼손잡이인 **드팀전**의 허생원은 기어코 동업의 조선달에게 나꾸어 보았다.

-이효석, 《메밀꽃 필 무렵》 중에서

07 헛가게

수시로 벌였다 걷었다 하는 가게. 노점이나 좌판 따위 가게.

노점(露店)에서 '노'는 길거리가 아니라 이슬을 뜻하는 한자 말입니다. 지붕이 없어서 이슬이 내리는 가게라는 뜻이지요. 그러므로 포장마차나 지붕이 있는 가판대 따위는 노점(露店)이 아니라 노점(路店)이라고 해야 합니다. 하지만 모두 헛가게라고 할 수 있지요.

헛가게는 우리 주변에서 흔히 볼 수 있어요. 운동회가 열리는 날 학교 주변에서 솜사탕 따위를 만들어 파는 가게도 헛가게입니다. 재래시장 근처에는 산나물 한 보따리를 펼쳐 놓고 헛가게를 여는 할머니들도 있지요.

🧒 엄마, 군고구마 먹고 싶어요. 저기 모퉁이에 군고구마 파는 **헛가게**가 있어요.

👩 녀석, 금방 밥 먹고도 벌써 배고픈 모양이구나. 어서 가 보자.

08 뒤쓰레질

일을 마친 뒤, 그 자리에 생긴 쓰레기를 쓸어 내는 일.

쓸어 담아서 버려야 할 것을 쓰레기라고 합니다. 세상에는 숨탄 것들이 숱하게 살고 있지만, 잘 썩지 않는 쓰레기를 만들어 내는 것은 오직 사람뿐입니다. 물론 사람은 버린 쓰레기를 치울 줄도 알지요. 하지만 쓰레기를 만들어 낸 사람과 치우는 사람이 달라서 문제입니다.

쓰레기를 쓸어 내는 일을 뒤쓰레질이라고 합니다. 자신이 머무른 자리는 스스로 뒤쓰레질해야 합니다. 일을 잘하는 것도 좋지만, 일을 마친 뒤에 뒤쓰레질을 잘하는 것이 정말 중요하지요. 뒤쓰레질에서 '쓰레'는 '쓸다'에서 갈래 친 말입니다.

🧑 너희들, 이렇게 마구 어질러 놓으면 누가 **뒤쓰레질**을 할까?
👦 엄마, 놀고 나서 나중에 저희가 깨끗이 **뒤쓰레질**할게요.
🧑 **뒤쓰레질**도 좋지만 되도록 쓰레기를 만들지 말아야지.

09 연모

물건을 만드는 데 쓰는 도구와 재료.

물건을 만들기 위해서는 '도구'와 '재료'가 필요하지요. 이 두 가지를 일컬어 연모라고 합니다. 학문과 지식을 만들어 내는 데 필요한 연구 대상이나 방법도 연모입니다. 그러나 연모에 노동이 더해져야 비로소 물건이나 지식이 되지요.

연모에서 '-모'는 무언가 완성되기 이전 단계의 것을 가리킵니다. 그 뜻이 넓어져서 물질이나 재료, 또 그것을 만드는 도구를 일컫는 말로 쓰이지요. 컴퓨터 기계 장치인 '하드웨어'를 우리말로 '굳은모'라고 하고, 컴퓨터 프로그램인 '소프트웨어'를 우리말로 '무른모'라고 한답니다.

 아빠, 연 만드는 방법 좀 가르쳐 주세요.
좋아, 그런데 연을 만들려면 먼저 **연모**를 준비해야지.
연 만드는 재료는 문방구에서 다 사 왔어요. 여기요!

10 날붙이

칼, 낫, 톱, 도끼 따위의 날이 서 있는 연장의 통칭.

연모에는 여러 가지가 있습니다. 그 가운데는 칼이나 낫, 도끼처럼 시퍼런 날이 선 날붙이도 있지요. 연필 깎는 칼이라도 날붙이는 조심스럽게 다루어야 합니다. 잘못 다루면 매우 위험한 연모여서 자신은 물론이고, 다른 사람에게 큰 해를 입힐 수 있지요. 날붙이가 날을 그대로 드러내고 있는 것을 '민날'이라고 하며, 특히 날카롭고 예리한 날을 '서슬'이라고 합니다. 서슬은 보기만 해도 섬뜩한 느낌이 들지요.

🧒 악, 아파! 연필 깎는 칼에 손을 베었어요.
👩 저런! 피가 많이 나는구나. 그러게 **날붙이**는 조심해서 다루어야지.

11 줏대

수레바퀴 끝의 휘갑쇠.

물건 가장자리나 끝부분이 갈라지지 않도록 휘갑쳐 싼 쇠를 '휘갑쇠'라고 합니다. 주로 나무막대 같은, 틈이 벌어지기 쉬운 것의 끝부분을 휘갑치는 것이지요. 그런 휘갑쇠 중에서 수레바퀴 끝을 두른 휘갑쇠를 줏대라고 합니다.

마음과 행동이 곧지 않아서 이리저리 흔들리는 사람을 '줏대 없다.'고 합니다. 이때 줏대는 한자어 '주(主)'에서 비롯된 말이지요. 줏대는 자기 처지나 생각을 꿋꿋이 지키고 내세우는 사람의 성질이나 사물의 가장 중요한 부분을 뜻하는 말입니다.

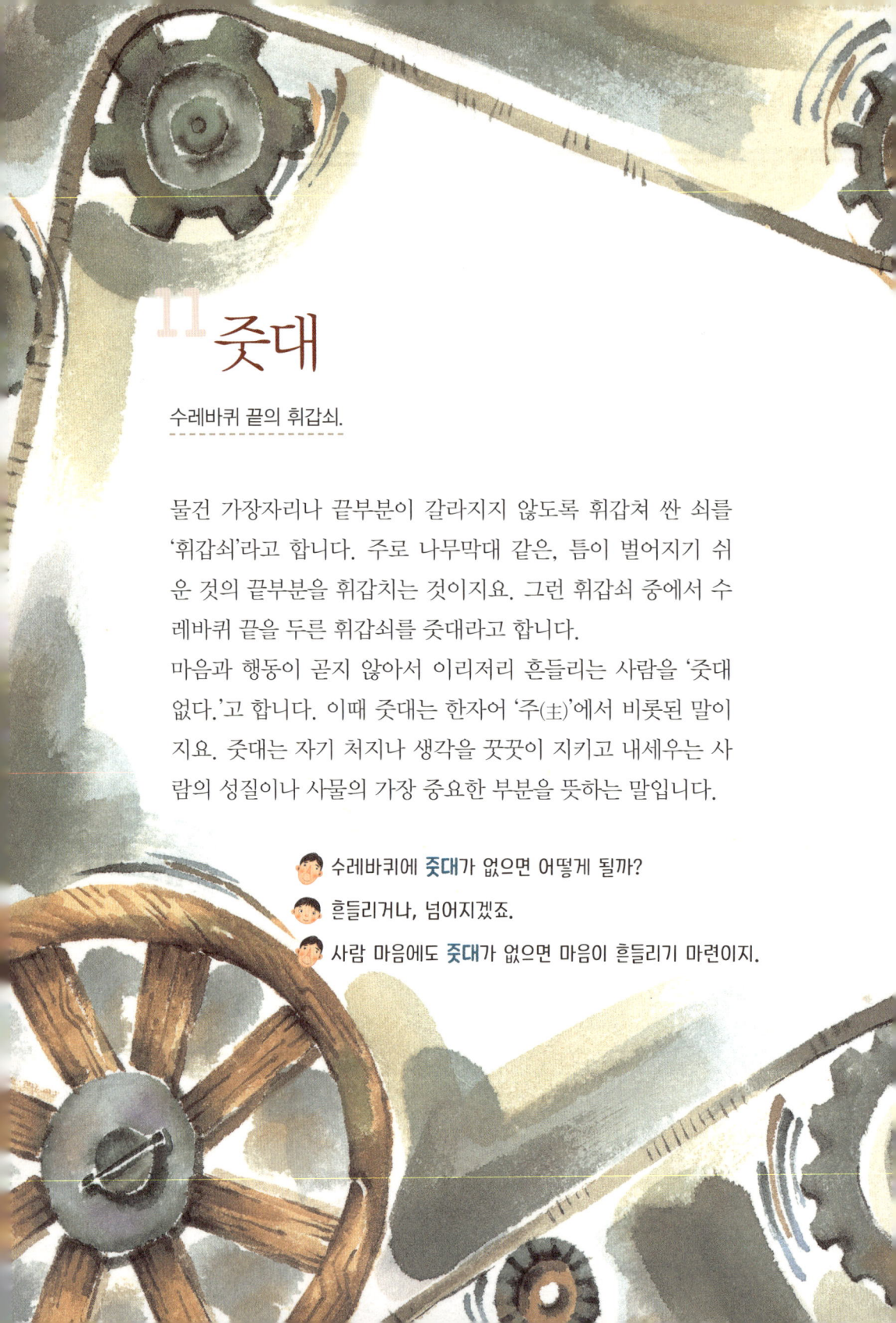

- 수레바퀴에 **줏대**가 없으면 어떻게 될까?
- 흔들리거나, 넘어지겠죠.
- 사람 마음에도 **줏대**가 없으면 마음이 흔들리기 마련이지.

12 양냥이줄

자전거의 앞뒤 기어를 연결시키는 쇠줄.

자전거나 오토바이 앞뒤 기어를 연결하는 쇠줄을 '체인(chain)'이라고 하지요. 눈길에서 자동차가 미끄러지지 않도록 바퀴에 감는 쇠줄도 체인입니다. 또 같은 상호를 걸고, 같은 방식으로 가게나 식당 따위를 여러 지역에 열어 둔 것도 체인, 또는 체인 사업이라고 합니다.

그런데 자전거 체인은 우리말로 양냥이줄이라고 하지요. 어떤 국어사전에는, 양냥이줄은 '자전거의 앞뒤 기어를 연결하는 쇠줄을 속되게 이르는 말'이라고 뜻매김되어 있습니다. 하지만 양냥이줄은 외국말 체인보다 훨씬 재미있고, 느낌도 밝은 말입니다.

🧒 왜 땀을 뻘뻘 흘리면서 자전거를 끌고 오니?

🧒 **양냥이줄**이 자꾸만 벗겨져서요.
아이고 힘들어, 헉헉.

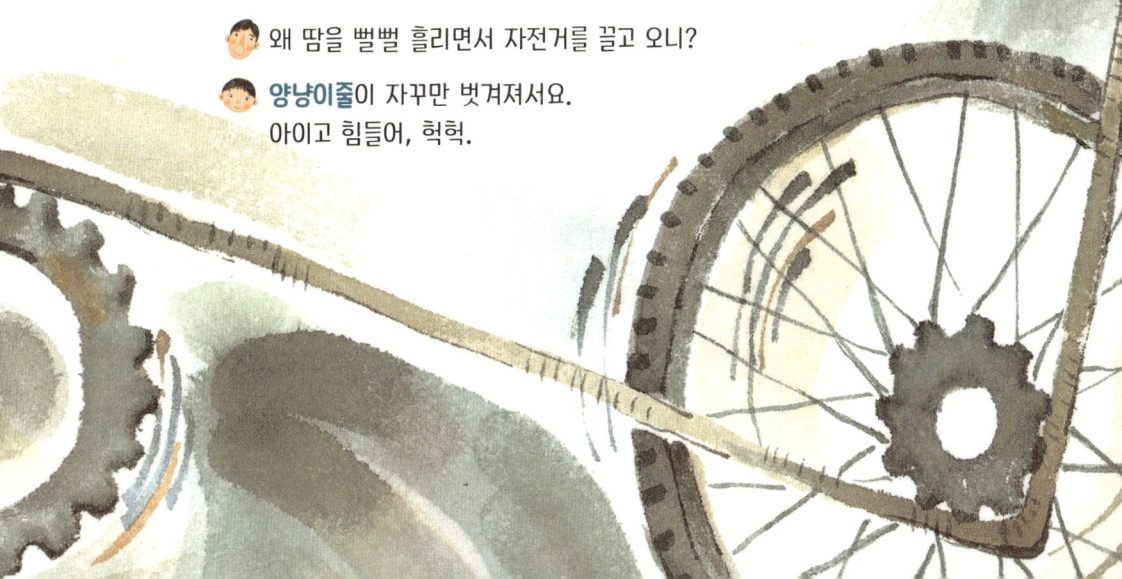

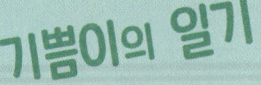 **기쁨이의 일기**

○월 ○일 ○요일

선생님은 우리가 모르는 것을 무엇이든 척척 설명해 주신다.
아마 공부를 가르치는 데 **난든집**이 나신 모양이다.

○월 ○일 ○요일

갑자기 전기가 끊어져서 컴퓨터가 꺼지고 말았다.
미처 **갈무리**해 두지 않아서 쓰고 있던 글이 지워지고 말았다.
전기는 곧 들어왔으나 나는 정말 울고 싶었다.

○월 ○일 ○요일

몇몇 신문사에서 연 백일장에서 나는 **겨끔내기**로 상을 받았다.
하지만 백일장에 참여조차 하지 못한 가람이는 며칠 동안
울상이다. 기쁨과 슬픔이 **겨끔내기**로 내 마음속을 드나들었다.

○월 ○일 ○요일

숙제를 다 못 해서 걱정이다. 내일 선생님께서 꼼꼼하게 숙제 검사를
하실 모양이다. 이번에는 **풀땜질**하고 넘어갈 수 없을 듯하다.

○월 ○일 ○요일

나는 오늘도 아파트 입구 **꼭짓집** 앞에서 발을 멈췄다.
속이 훤히 들여다보이는 큰 원통 세탁기가 물거품을 내며
돌아가는 게 참 신기했기 때문이다.

○월 ○일 ○요일

거실 가림막이 너무 낡아서 바꿀 때가 되었다.
엄마는 돈을 아끼려고 **드팀전**에 가서 천을 떠 오셨다.
직접 가림막을 만들겠다고 하신다.

○월 ○일 ○요일

학교 담벼락 아래서 **헛가게**를 열고 떡볶이를 팔던 아주머니가
며칠 전부터 보이지 않는다. 어디 편찮으신 건 아닐까.

○월 ○일 ○요일

소풍을 가서 우리 반 아이들만 남아 **뒤쓰레질**을 했다.
억울하고 힘도 들었지만 여러 선생님들이 우리를 칭찬해 주셨다.

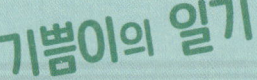 기쁨이의 일기

○월 ○일 ○요일

선생님께서는 우리에게 세상을 날카롭게 보는 눈과 따뜻한 가슴을 지니라고 하셨다. 그래야 평등하게 살기 좋은 세상을 만드는 **연모**가 될 수 있다는 것이다.

○월 ○일 ○요일

똑같은 쇠를 가지고 어떤 사람은 악기를 만들고,
어떤 사람은 **날붙이**나 무기를 만들어 사람을 해치게 한다.
세상에 무기가 없었으면 좋겠다.

○월 ○일 ○요일

방학 동안에는 하루에 한 권씩 책을 읽기로 굳게 마음먹었다.
하지만 사흘도 안 되어 친구들과 노느라고 책을 못 읽었다.
나는 왜 이렇게 **줏대**가 없는 걸까?

○월 ○일 ○요일

공원에서 자전거 타는 연습을 하는데 갑자기 **양냥이줄**이
벗겨지는 바람에 넘어져서 무릎을 다치고 말았다.

○월 ○일 ○요일

길 건너 **꼭짓집** 아저씨는 다림질에 **난든집**이 난 모양이다. 단 몇 분 만에 양복 한 벌을 쓱쓱 다려서 옷걸이에 새 옷처럼 척 걸어 두신다.

○월 ○일 ○요일

동생과 나는 **겨끔내기**로 엄마 속을 태운다. 동생은 방에서 가지고 놀던 장난감을 **갈무리**를 못 하여 야단을 맞고, 나는 거실에서 종이접기를 하고 나서 **뒤쓰레질**을 하지 않아서 꾸중을 들었다. 그래서 엄마는 늘 잔소리를 하신다.

○월 ○일 ○요일

그 '뽑기' 장사 할아버지는 오늘도 변변한 **연모**도 없이 **풀땜질**로 대강 천막을 쳐 놓고, **헛가게**를 벌였다. 그러나 날이 추워서 온종일 허탕을 쳤다며, 쓸쓸히 웃으셨다.

> 즐겁게 공부해요

01 톺아보다

샅샅이 더듬어 뒤지면서 찾아보다.

톺아보다는 '톺다'에서 나온 말입니다. 톺다는 가파른 곳을 오르려고 길을 더듬어 찾거나, 빈틈없이 모조리 뒤지면서 찾는다는 뜻이지요. 그런데 톺다는 '톱+하다'가 줄어서 된 말입니다. 원래는 옷감 재료인 삼을 째서 끝을 가늘고 부드럽게 하려고 작은 톱으로 누르면서 긁어 훑는 것을 뜻합니다. '톱(질)하다'가 변하여 톺다가 된 것이지요.

톺아보아야 할 것은 삼 껍질이나, 가파른 숲길뿐만이 아닙니다. 세상에서 일어나는 많은 일들을 우리는 관심을 가지고 톺아보아야 합니다. 또 공부를 할 때는 책을 톺아보아야 하지요.

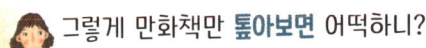
그렇게 만화책만 **톺아보면** 어떡하니?

이건 역사 만화거든요. 우리나라 역사를 **톺아볼** 수 있어요.

02 밑글

이미 배운 글, 밑천이 되는 글.

밑글에서 '글'은 지식을 뜻하는 말입니다. 기본 지식, 또는 기초가 되는 지식이 밑글이지요. 어떤 책으로 공부할 때, 이미 배운 부분의 글이나 이미 알고 있어 밑천이 되는 글입니다. 밑글이 있으면 새로운 지식에 대한 이해가 빠르지요.

밑글을 흔히 '배경 지식'이라고 합니다. 책을 읽을 때도 밑글이 탄탄해야 좋은 책을 골라 읽고 바르게 이해할 수 있어요. 또 글쓰기나 논술에서도 밑글이 중요합니다. 초등학교 때 공부한 지식은 중학교 공부에 밑글이 되지요.

 밑글만 튼튼하면 학교에 다니지 않아도 되나요?

 학교 공부도 열심히 해야지. 평생 공부에 밑글이 되니까.

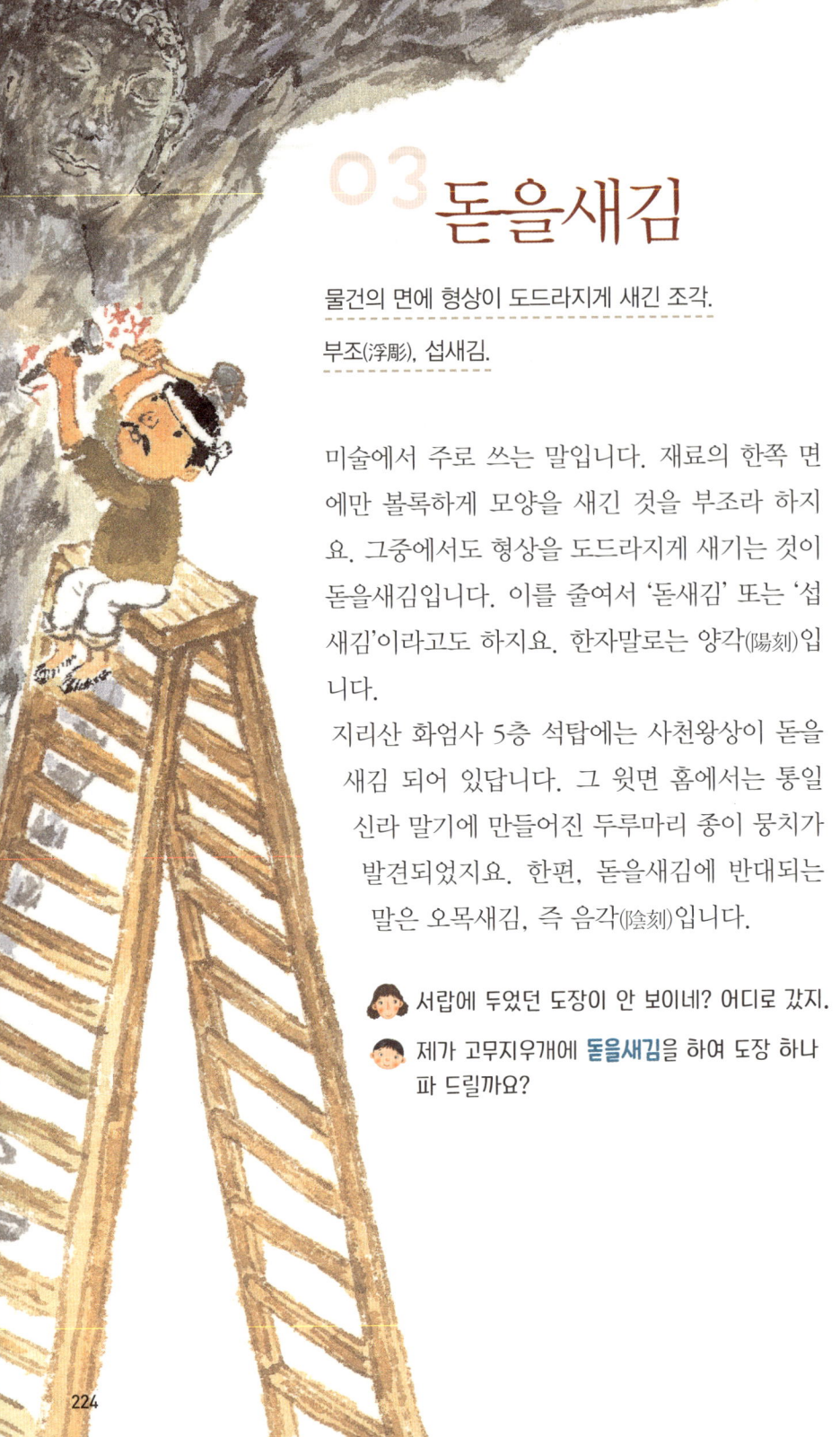

03 돋을새김

물건의 면에 형상이 도드라지게 새긴 조각.

부조(浮彫), 섭새김.

미술에서 주로 쓰는 말입니다. 재료의 한쪽 면에만 볼록하게 모양을 새긴 것을 부조라 하지요. 그중에서도 형상을 도드라지게 새기는 것이 돋을새김입니다. 이를 줄여서 '돋새김' 또는 '섭새김'이라고도 하지요. 한자말로는 양각(陽刻)입니다.

지리산 화엄사 5층 석탑에는 사천왕상이 돋을새김 되어 있답니다. 그 윗면 홈에서는 통일신라 말기에 만들어진 두루마리 종이 뭉치가 발견되었지요. 한편, 돋을새김에 반대되는 말은 오목새김, 즉 음각(陰刻)입니다.

👧 서랍에 두었던 도장이 안 보이네? 어디로 갔지.

👦 제가 고무지우개에 **돋을새김**을 하여 도장 하나 파 드릴까요?

04 바림(질)과 피우기

바림(질)   한쪽은 진하게 칠하지만 다른 쪽으로 점점 엷게 칠하여 흐리게 하는 일.

피우기   종이에 물기를 먹이고 색을 칠하여 짙은 색부터 점점 퍼지게 그리는 기법.

바림(질)은 색을 칠할 때 단계적으로 점점 엷게 하거나 점점 진하게 하는 기법입니다. 외국말로 '그러데이션(gradation)' 이라고 하지요. 또 종이 바탕에 물기를 먹여 눅눅하게 한 다음 색을 칠하여 짙은 색으로부터 점점 연하게 퍼지도록 그리는 방법은 피우기입니다.

바림은 붓 따위로 직접 색을 칠하여 효과를 내는 기법입니다. 주로 서양화에서, 흐릿하지만 깊이 있는 색이 살아나도록 하는 기법이지요. 반면 피우기는 색의 번짐 효과를 활용하는 기법으로, 여백이 많은 한국화에 알맞은 기법입니다.

 이 그림은 깊은 계곡에서 안개가 피어나는 듯해요.

 점점 색이 엷어지게 **바림질한** 기법이 참 세련되었지?

05 속긋

덮어 쓰면서 연습할 수 있도록 먼저 가늘고 희미하게 그려 주는 획.

글씨를 처음 배우는 아이들은 흔히 희미하게 그려진 속긋 위에 덮어 쓰면서 연습을 하지요. 아이들에게 속긋도 그려 주지 않고서 처음부터 잘 쓰기를 기대할 수는 없습니다. 속긋을 따라 무수히 연습한 뒤에야 예쁜 글씨가 손끝에서 흘러나오지요.

이처럼 속긋은, 덮어 쓰면서 연습할 수 있도록 본을 그려 주는 것입니다. 그렇게 속긋을 그려 주는 것을 '속긋을 긋다.' 또는 '속긋을 넣다.'라고 하지요. 속긋을 밑글이라 표현하는 사람이 더러 있는데, 밑글은 '밑천이 되는 글'을 뜻하는 말이므로 구별해서 써야 합니다.

🧒 너 어려서 글씨 공부할 때 누나가 **속긋** 그어 준 거 기억나?

👦 응, 누나가 그어 준 **속긋** 위에 내가 연필로 꼭꼭 눌러서 글씨를 썼지.

06 적바림

글로 간단히 적어 두는 일, 또는 적어 놓은 간단한 기록.

적바림은 문서에 사실을 죽 적어 놓는 것, 또는 그 글발을 말합니다. 또 그렇게 하는 짓을 '적바림하다'고 한답니다. 알림장에 적는 내용이든, 수업 시간에 하는 공책 정리든 모두 적바림입니다. 또한 그렇게 '적바림하여 적는 것'을 '적발하다'고 하지요.

'노트'는 영국말이고, '필기'는 한자말이지요. 우리글로 무언가를 적을 때는 메모(memo)가 아니라 적바림입니다. 적바림이 습관이 되면 늘 생각을 가지런히 정리할 수 있지요. 그래서 어떤 연설가는 적바림한 쪽지 한 장만 달랑 들고도 연단에 올라 거침없는 연설을 쏟아 낸답니다.

- 알림장에 아무것도 **적바림**한 내용이 없구나. 어찌 된 일이지?
- 저는 이 머릿속에 모든 것을 **적바림**해요, 아빠.

07 찌

특별히 기억해야 할 것을 기억하려고 글을 써서 붙여 놓는, 좁고 길쭉한 종이쪽.

포스트잇(post it), 포인팅(pointing), 스티키잇(sticky it). 이게 무슨 말인지 아세요? 모두 붙였다 떼었다 하는, 적바림용 종이쪽 상품 이름이지요. 그런데 여러 문구 회사에서 만든 상품 이름만 있지, 이런 종이쪽지를 통틀어 부르는 이름이 없습니다.

그런데 옛적부터 우리나라에서는 이런 종이쪽을 가리켜 찌라고 불렀답니다. 물론 옛날에 썼던 찌는 오늘날 사용하는 포스트잇처럼 어딘가에 붙였다가 깨끗이 떼어 낼 수 있는 것은 아니었지요. 하지만 이런 종이쪽들은 모두 찌를 발전시킨 것들입니다.

 책상 앞에 너덜너덜 붙여 놓은 게 뭐니?
 공부할 내용을 적바림한 **찌**를 붙여 놓은 거예요.

08 한무릎공부

한동안 착실히 하는 공부.

옛날 사람들은 앉은뱅이책상 앞에서 무릎을 꿇거나 책상다리를 한 채로 공부를 하였답니다. 그런데 그 자세로 공부하다 보면 곧 무릎이 저려 오지요. 그래서 공부 자체보다도 앉은 자세 때문에 더욱 힘이 들게 됩니다.

그런 고통을 무릅쓰면서 오랫동안 같은 자세로 앉아서 공부를 한다는 것은 대단한 인내심이 필요한 일이지요. '한무릎'은 무릎 꿇은 자세를 한 가지로 하여 바꾸지 않은 것을 말합니다. 한무릎공부는 이처럼 인내심을 가지고 한동안 공부에 힘쓰는 것을 뜻하는 말이지요.

 중학교에 들어가서 공부를 잘하려면 지금부터 **한무릎공부**를 해야 해.

이번 겨울 방학 때는 놀지 않고 **한무릎공부**할 거예요.

09 글속

학문적인 이해, 학문적 소양.

글속은 '글의 속'이 아닙니다. '글로 채워진 마음속'을 말하지요. 여기서 글은 학문이나 지식을 빗대어 나타낸 말입니다. '글이 짧다.', '글공부' 따위에서도 글은 학문을 뜻하지요. 흔히 공부를 많이 한 정도에 따라 '글속이 깊다.'거나 '글속이 뒤지다.'고 말합니다.

"글 속에도 글 있고 말 속에도 말 있다."는 속담이 있습니다. 글과 말에 담긴 뜻이 끝없이 깊음을 말합니다. 또 글이라고 다 글이 아니며, 말이라고 다 말이 아니라는 뜻이지요. 글속이 깊어야 진정한 글과 말을 빚어낼 수 있음을 깨우치는 말입니다.

🙎 저 사람 말하는 걸 보면 꽤나 **글속**이 깊은가 봐요.
🙎 **글속**도 깊고, 겸손하기까지 해요.

10 뜻매김하다

어떤 말이나 사물의 뜻을 명백히 밝혀 정해 놓다. 뜻을 정하다.

뜻매김은 '무엇은 무엇이다' 형식으로 하게 됩니다. '병아리는 닭의 새끼이다.', '철새는 철 따라 사는 곳을 옮기는 새다.' 따위도 모두 뜻매김입니다. 사전에 나와 있는 올림말 풀이가 모두 뜻매김이라 할 수 있지요. 수학에서 '2 더하기 3은 5와 같다.'는 말도 뜻매김이랍니다. 어떤 일이나 사물에 대한 뜻매김은 흔히 이 세상의 온갖 관계와 질서 안에서 그것이 차지하는 위치를 밝히는 식으로 합니다. 예를 들어 "사람은 생각하는 동물이다."처럼 동물과의 관계 속에서 사람을 뜻매김하지요. 뜻매김을 잘해야 공부를 잘하게 됩니다.

- 왜 저렇게 많은 사람들이 길에서 시위를 하나요?
- 우리가 사는 사회에 대하여 서로 다르게 **뜻매김하기** 때문이란다.

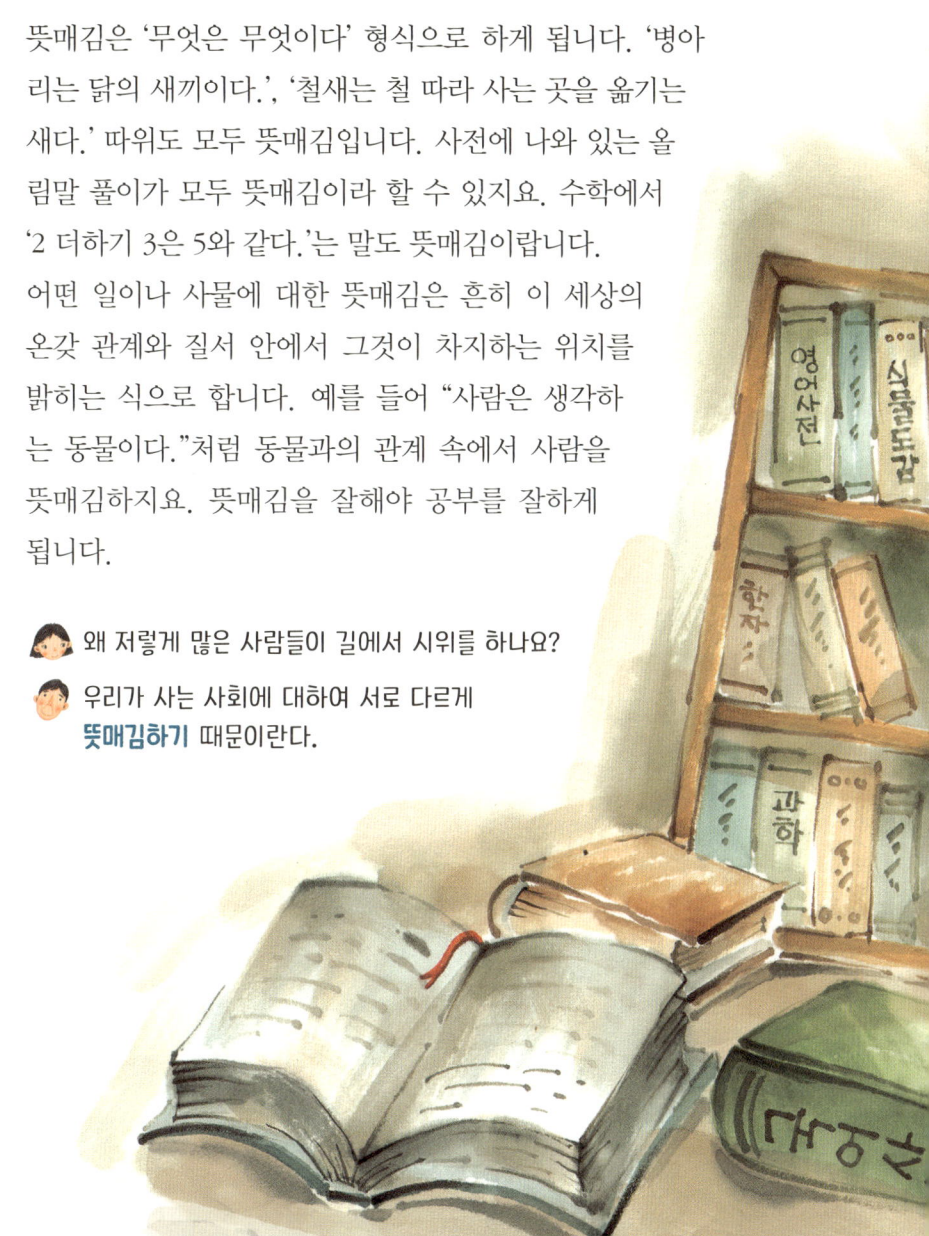

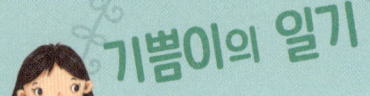

○월 ○일 ○요일

방 안을 아무리 **톺아보아도** 어제 쓰던 지우개가 보이지 않는다. 정말 김첨지감투다.

○월 ○일 ○요일

이번 시험에 벼락치기로 공부를 했지만 점수가 오르지 않았다. 그동안 **밑글**을 착실히 닦아 놓지 않은 게 후회가 되었다.

○월 ○일 ○요일

할머니를 따라 절에 갔다. 큰 절 앞마당에 서 있는 돌기둥 한쪽 면에 사자 머리 모양이 **돋을새김** 되어 있었다. 나는 그 **돋을새김** 앞에서 기념사진을 찍었다.

○월 ○일 ○요일

오늘 미술관에 가서 한국화를 구경하였다. 선생님께서는 "한국화는 대부분 **바림질**이나 **피우기** 기법을 사용한다."고 설명해 주셨다.

○월 ○일 ○요일

오늘부터 아빠와 함께 한자 공부를 하기로 하였다. 하지만 아빠는 **속긋**도 그려 주지 않은 채 무작정 한자 책을 베껴 쓰라고 하셨다.

○월 ○일 ○요일

내일 열리는 환경 보호 백일장에 나가려고 일주일 전부터
생각나는 내용을 알림장에 **적바림**해 놓았다. 그런데 오늘
그 알림장을 잃어버렸다. 눈앞이 깜깜하다.

○월 ○일 ○요일

나는 드디어 영어 단어 외우는 방법을 알게 되었다.
좁고 길쭉한 **찌**에다 영어 낱말을 하나씩 적어서 벽에 붙여 두고,
완전히 외운 말을 하나씩 뜯어내는 것이다.

○월 ○일 ○요일

지난 기말 시험에서 가람이는 거의 다 백 점을 받았다.
내가 마냥 노는 사이에 가람이는 **한무릎공부**를 했던 모양이다.

○월 ○일 ○요일

선생님께서는, 아무리 **글속**이 깊은 사람도 마음이 따뜻하지
않으면 소용이 없다고 말씀하셨다. 나는 그 말씀을 깊이 새겨들었다.

○월 ○일 ○요일

선생님께서 회초리에 대하여 **뜻매김**을 해 보라고 하셨다.
나는 '가늘고 기다란 나뭇가지로 된 매'라고 **뜻매김**하였고,
가람이는 '사랑의 매'라고 **뜻매김**하였다.

01 이박기와 부럼

이박기 음력 정월 대보름에 이를 건강하게 하기 위하여 부럼을 깨무는 일.

부럼 음력 정월 대보름날 새벽에 깨물어 먹는 열매로, 딱딱한 땅콩, 호두, 잣, 밤, 은행 따위를 통틀어 이르는 말.

정월 대보름에 딱딱한 과실을 깨물면 한 해 동안 부스럼이 생기지 않는다고 합니다. 이때 까서 먹는 밤, 잣, 호두 따위의 딱딱한 과실을 통틀어서 부럼이라 하지요. 그리고 이 부럼을 씹는 것을 이박기라고 합니다.

지방에 따라 부럼을 '보름'이라고도 하는데 이는 잘못된 말입니다. 이박기와 비슷한 말로 '이굳히'라는 말도 있는데, 잘 쓰이지 않는 말이지요.

- 얘들아, **부럼** 먹자. 열심히 **이박기**해서 올해도 건강해야지.
- 그런데 **부럼** 깨물다가 이가 망가지면 어떡해요?

02 고누

땅이나 종이 위에 말밭을 그려 놓고 두 편으로 나뉘어
말을 많이 따거나 말길을 막는 것을 다투는 놀이.

고누는 바둑이나 장기와 원리는 비슷하지만, 놀이를 하는 방법이 더 간단합니다. 아무 종이나, 심지어는 땅바닥에다 말밭을 그려 놓으면 고누판이 되거든요. 그리고 크기가 비슷한 작은 돌멩이나 나무 조각 따위로 말을 삼지요.
놀이 방법이나 규칙도 동네마다, 또는 두는 사람마다 정하기 나름입니다. 오늘날 여러 게임에 비하면 매우 단순한 놀이지요. 옛말에 '우물고누 첫수'라는 말이 있습니다. 한 가지 단순한 방법 말고는 별다른 길이 없다는 말이지요.

🙂 아빠랑 **고누** 한판 할까?
🙂 저는 **고누**보다는 온라인 게임이 더 재미있는데…….

03 먹국

주먹 속에 쥔 물건의 수를 알아맞히는 아이들의 놀이.

먹국은 주먹 속에 쥔 물건의 수효를 알아맞히는 놀이입니다. 흔히 볶은 잣이나 콩을 몇 사람이 제각기 몇 개씩 쥐고 모두 함께 내밀지요. 그러면서 전체의 수를 알아맞히는 사람이 그것을 모두 가지는 놀이입니다. 그런 놀이를 하는 것을 '먹국하다'고 합니다.

그리고 놀이 가운데 속어로 '짤짤이'라는 것이 있지요. 동전 한 움큼을 쥐고 '짤짤' 소리가 나게 흔들어 잡습니다. 그러면 다른 사람이 한 손에 쥔 동전 개수를 3으로 나눈 나머지 수 가운데 하나에 돈을 거는 놀이입니다. 속어로 '쌈치기'라고도 합니다. 먹국은 전통 놀이지만, 짤짤이는 도박이지요.

🧒 너희들 지금 돈 가지고 짤짤이 하는 거 아냐?
🧒 이건 짤짤이가 아니라 **먹국**인데요.

04 보리바둑

법식도 없이 아무렇게나 되는대로 두는 서투른 바둑.

쌀과 보리는 오랜 옛적부터 우리에게 소중한 곡식이었지요. 그런데 옛적에는 하얀 쌀을 누른 보리보다 더 높게 쳐주었습니다. 쌀밥은 부유함을, 보리밥은 가난함을 상징하였지요. 또 주곡인 쌀에 대하여 보리는 덜된 것, 어설픈 것, 무늬만 비슷한 것을 뜻하는 말로 쓰인답니다. 그래서 보리는 '참'에 상대되는 말로 쓰였지요. 법식도 없이 아무렇게나 두는 서투른 바둑을 낮잡아 보리바둑이라고 합니다. 또 '보리윷', '보리장기'라는 말도 있지요. 하지만 쌀은 쌀대로 가치가 있고, 보리는 보리대로 독특한 가치가 있는 것입니다.

😊 아빠, 저랑 바둑 한판 두어요.
😊 넌 아직 **보리바둑**이어서 아빠 상대가 되질 않을걸!

05 가댁질

서로 피하고 잡고, 하며 노는 아이들 장난.

가댁질은 아이들이 서로 잡으려고 쫓고, 이리저리 피해 달아나며 뛰노는 장난입니다. 뜀박질, 무자맥질, 숨바꼭질 따위처럼 어린이 놀이 가운데 하나입니다. 가댁질은 어떤 규칙도 없이 매우 단순하게 즐기면서 몸을 튼튼하게 하는 놀이지요.

가댁질 놀이는 주로 땅 위에서 하지만, 냇물에서 미역 감을 때에는 깊지 않은 물에서도 합니다. 여름날 아이들은 물가에서 물장구와 가댁질로 시간 가는 줄 모르지요. 더러 강아지나 토끼 같은 짐승도 가댁질을 하고 놉니다.

🧒 집 안에서 이처럼 시끄럽게 **가댁질**을 하고 놀면 되겠어?
🧒 바깥에 나가면 날씨가 너무 추워서요.

06 풍계묻이

아이들 장난의 한 가지, 보물이라며 물건을 감추어 두고 서로 찾아내는 놀이.

풍계묻이는 본디 음력 정월에 하는 여자들 놀이였습니다. 하지만 여자아이들은 아무 때나 풍계묻이를 하였지요. 한 편이 작은 콩 같은 것을 "풍계를 묻는다."며 어디엔가 숨기면 다른 편이 그것을 찾는 놀이지요. 학교 소풍 때 하는 '보물찾기'도 풍계묻이에서 비롯된 것이랍니다.

풍계묻이와 비슷한 놀이로 '풍금땡금놀이'라는 것도 있습니다. 여기저기서 저마다 보물을 가진 듯이 '풍금땡금' 소리를 내며 보물을 돌리면, 술래는 보물을 찾는 놀이입니다.

누나, 우리 **풍계묻이**하자. 풍금땡금 풍금땡금-.

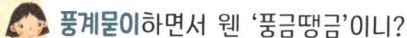
풍계묻이하면서 웬 '풍금땡금'이니?

07 비사치기

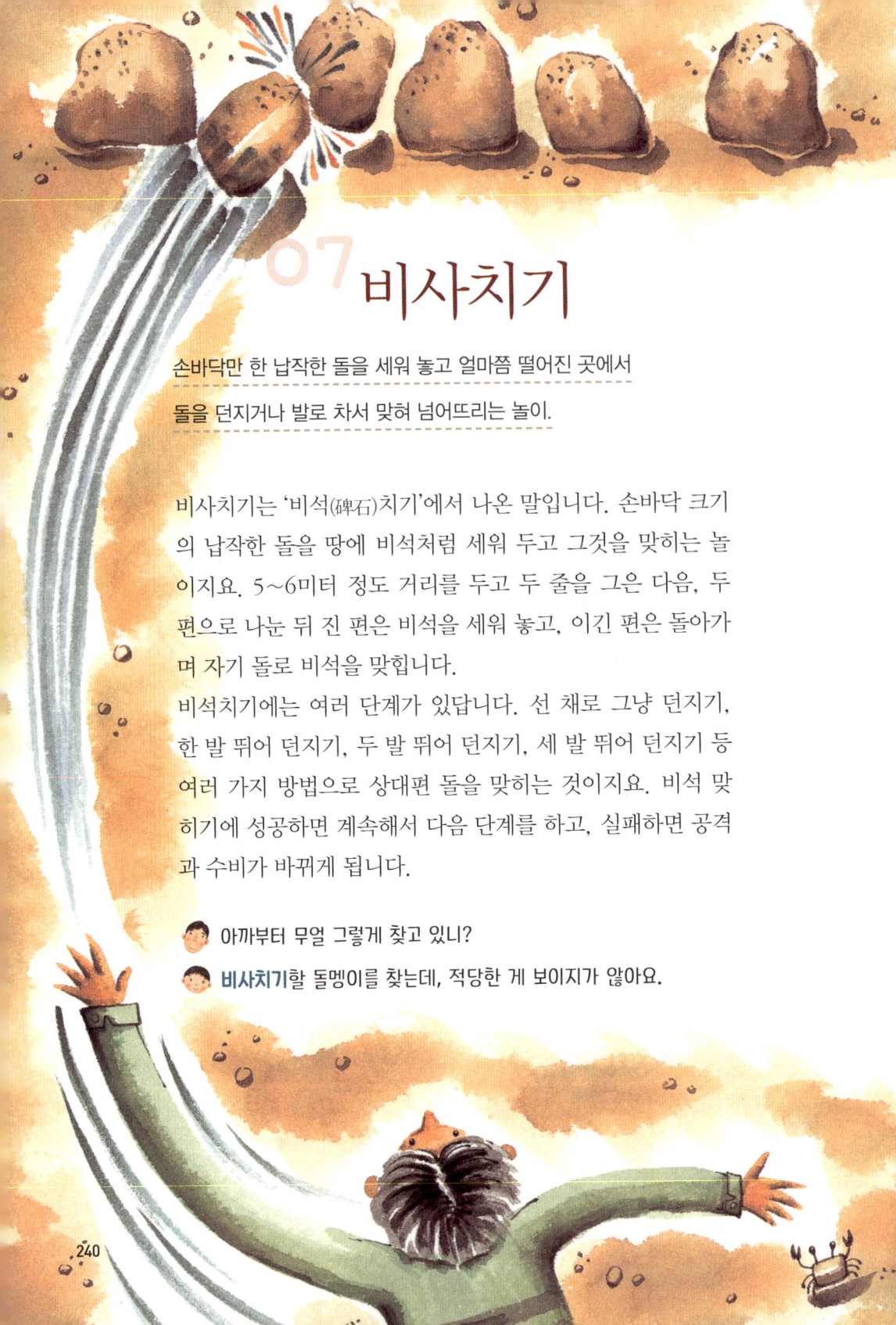

손바닥만 한 납작한 돌을 세워 놓고 얼마쯤 떨어진 곳에서 돌을 던지거나 발로 차서 맞혀 넘어뜨리는 놀이.

비사치기는 '비석(碑石)치기'에서 나온 말입니다. 손바닥 크기의 납작한 돌을 땅에 비석처럼 세워 두고 그것을 맞히는 놀이지요. 5~6미터 정도 거리를 두고 두 줄을 그은 다음, 두 편으로 나눈 뒤 진 편은 비석을 세워 놓고, 이긴 편은 돌아가며 자기 돌로 비석을 맞힙니다.

비석치기에는 여러 단계가 있답니다. 선 채로 그냥 던지기, 한 발 뛰어 던지기, 두 발 뛰어 던지기, 세 발 뛰어 던지기 등 여러 가지 방법으로 상대편 돌을 맞히는 것이지요. 비석 맞히기에 성공하면 계속해서 다음 단계를 하고, 실패하면 공격과 수비가 바뀌게 됩니다.

- 아까부터 무얼 그렇게 찾고 있니?
- **비사치기**할 돌멩이를 찾는데, 적당한 게 보이지가 않아요.

08 물수제비뜨기

얇고 둥근 돌을 물 위로 비껴가게 던져서 탐방탐방 수면을 스치며 가게 하는 장난질.

물수제비뜨기는 물 위에 수평으로 던지는 돌팔매질입니다. 얇고 반질반질한 조약돌을 물 위에 비껴 던지는 것이지요. 그러면 조약돌은 몇 번 튕겨 오르면서 찰방찰방 물 위를 스치며 나아갑니다. 누가 던진 돌이 더 자주 튕겨 오르는지 내기를 하기도 하지요.

물수제비뜨기는 자맥질과 다릅니다. 자맥질은 물속에서 멱을 감으며 노는 놀이이고, 물수제비는 물 밖에서 돌멩이를 물 표면에 던지며 노는 놀이지요. 지방에 따라서는 물수제비뜨기를 팔매치기, 물찰찰이, 물종개 따위로 부르기도 합니다.

🧑 우리 **물수제비뜨기** 할까? 누가 더 많이 튕기나 내기하자!

👦 좋아요, 아빠. 그런데 계속 돌을 던지면 언젠가 호수가 메워져 버리지 않나요?

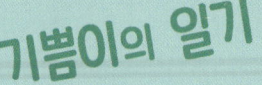 **기쁨이의 일기**

○월 ○일 ○요일

오늘 저녁밥은 고두밥이었다. 고두밥 한 숟가락을 입에 넣으신 할머니는 "대보름날 **이박기**하랴?" 하시면서 숟가락을 놓아 버리셨다.

○월 ○일 ○요일

글을 잘 쓰는 방법을 선생님께 여쭤보았다. 선생님께서는 **우물고누** 첫수로 그저 열심히 읽고 많이 써 보라고만 하셨다.

○월 ○일 ○요일

생일잔치가 무르익자 우리는 사탕으로 **먹국**을 하면서 놀았다. 열 번쯤 했는데 내가 다섯 번이나 맞혀서 사탕을 실컷 먹었다.

○월 ○일 ○요일

동생과 아빠는 바둑을 두었다. 아빠는 동생에게 **보리바둑**을 둔다고 놀렸다. 하지만 동생은 "**보리바둑**이면 어때요? 재미있으면 되지."라며 열심히 바둑을 두었다. 그런 모습이 대견했다.

○월 ○일 ○요일

할아버지 제삿날이어서 사촌이 여럿 모여 방 안에서 **가댁질**을 하고 놀았다. 그러다가 시끄럽다며 어른들께 야단을 맞았다. **가댁질**은 밖에서 해야 한다는 것이었다.

○월 ○일 ○요일

친구들과 **풍계묻이**하고 놀다가 내가 아끼던 머리핀이 진짜로 사라지고 말았다. 지금 생각해도 너무나 아깝다.

○월 ○일 ○요일

도시에서는 할 만한 전통 놀이가 없다. **비사치기**를 하려 해도 돌멩이가 있어야지.

○월 ○일 ○요일

무수히 쏟아지는 햇살이 호수 위에서 부서졌다. **물수제비뜨는** 아이들 웃음소리가 햇살과 함께 번져 나갔다.

찾아보기

ㄱ

가댁질 • 238
가람 • 74
가랑눈 • 68
가랑비 • 67
가루눈 • 68
가리사니 • 160
가리새 • 160
가림막 • 180
가을부채 • 121
가풀막 • 49
간물때 • 81
간자미 • 104
갈무리 • 207
갓길 • 46
갓밝이 • 12
강똥 • 143

개 • 79
개똥참외 • 110
개미장 • 64
개밥바라기 • 24
개울 • 76
개호주 • 104
걀쭉하다 • 96
검기울다 • 19
검정새치 • 170
겨끔내기 • 208
결결하다 • 161
결기 • 161
고누 • 235
고도리 • 104
고드름장아찌 • 171
고바우 • 176
고샅길 • 42
고지랑물 • 10

곰비임비 • 122
군침 • 145
굳은모 • 214
굼뉘 • 83
글속 • 230
기지개 • 155
길눈 • 69
길미 • 52
길섶 • 46
길짐승 • 99
김첨지감투 • 180
까치걸음 • 151
까치놀 • 82
까치발 • 150
깍짓동 • 177
꺼병이 • 104
껄떼기 • 104
꼬리별 • 26

244

꼭짓집 • 210
꽃구름 • 58
꽃다지 • 111
꽃물 • 66
꽃보라 • 115
꽃불 • 129
꽃샘바람 • 54

ㄴ

나꾸다 • 180
나무갓 • 37
나무말미 • 89
나무초리 • 113
나비눈 • 152
난든벌 • 194
난든집 • 206
난벌 • 194
날붙이 • 215
날짐승 • 99
남새 • 108
낫낫하다 • 159
내리사랑 • 165
내림 • 138

너겁 • 52
너나들이 • 187
너럭바위 • 38
너울 • 83
네굽질 • 149
노루막이 • 39
높새바람 • 55
누에머리 • 39
는개 • 52
능소니 • 104

ㄷ

다랍다 • 136
단비 • 65
달걀가리 • 127
달무리 • 16
닻별 • 25
대바르다 • 136
대살 • 141
대오리 • 52
대차다 • 141
도리깨침 • 145
돋을볕 • 13

돋을새김 • 224
돋을양지 • 13
돌림쟁이 • 175
돌샘 • 52
동아리 • 182
동트다 • 10
된서리 • 71
두럭 • 180
두레 • 183
두절개 • 172
둔치 • 36
뒤쓰레질 • 213
뒤안길 • 44
뒷갈망하다 • 207
드팀전 • 211
든벌 • 194
듣다 • 52
들녘 • 52
따지기 • 87
땅까불 • 102
땅별 • 32
똘기 • 116
뜸베질 • 102
뜻매김하다 • 231

ㅁ

마디다 • 124
마파람 • 57
말림갓 • 37
매지구름 • 58
먹국 • 236
먼지잼 • 65
메밀꽃 • 82
모꼬지 • 184
모둠 • 185
모람 • 185
모숨 • 180
모지라지다 • 124
모지랑이 • 124
목비 • 65
몰골 • 96
몸태질 • 149
무른모 • 214
무살 • 141
무서리 • 71
물수제비뜨기 • 241
물찌똥 • 143
물참 • 81
뭇별 • 10

미덥다 • 164
미리내 • 29
미쁘다 • 164
민날 • 215
민낯 • 144
밀물 • 81
밑글 • 223

ㅂ

바라기 • 24
바람꽃 • 56
바람칼 • 101
바리때 • 136
바림(질) • 225
바지랑대 • 96
발장구 • 148
밤염 • 80
방울나무 • 112
밭은기침 • 96
배다 • 126
배짱 • 167
버즘나무 • 112
벼룻줄 • 96

별똥돌 • 26
별똥별 • 26
볕뉘 • 14
보굿 • 114
보굿켜 • 96
보람 • 120
보리바둑 • 237
보슬비 • 67
보짱 • 167
부등깃 • 101
부럼 • 234
불땀 • 96
불땔꾼 • 174
붕장어 • 105
붙박이별 • 25
비게질 • 102
비꽃 • 66
비사치기 • 240
비설거지 • 52
빨래말미 • 89

ㅅ

사그랑이 • 177

사르다 • 128
사리 • 92
사립짝 • 10
사시랑이 • 177
사위다 • 128
삭신 • 139
살눈 • 69
살별 • 26
살사리꽃 • 117
살피 • 120
삼이웃 • 186
삿갓구름 • 59
새물 • 195
새치름하다 • 136
샐쭉하다 • 123
샛강 • 78
샛별 • 24
생게망게하다 • 130
서리가을 • 91
서리꽃 • 71
서리병아리 • 100
서리서리 • 136
서슬 • 215
선바위 • 38
선샘 • 75

섭새김 • 224
성기다 • 126
셈속 • 180
소나기눈 • 68
소나기밥 • 201
속긋 • 226
속길 • 43
솖다 • 96
손갓 • 153
손사래 • 154
손삽 • 42
손톱달 • 22
솔개그늘 • 60
솔버덩 • 10
솜병아리 • 100
수제비 • 202
숨탄것 • 98
숫눈 • 70
숯등걸 • 96
쉬슬다 • 142
시나브로 • 122
시난고난 • 96
시렁 • 136
실골목 • 42
싸라기눈 • 68

싸라기별 • 28
싸전 • 211
썰물 • 81

ㅇ

아람 • 116
알섬 • 80
알심 • 162
알음 • 188
알음알음 • 188
알음알이 • 188
앙감질 • 150
애면글면하다 • 158
애오라지 • 163
애잔하다 • 166
애처롭다 • 166
애틋하다 • 166
양냥이줄 • 217
어김다리 • 48
어름 • 96
어물전 • 211
에우다 • 45
에움길 • 45

여우별 • 27
여울 • 77
여울목 • 77
여의다 • 189
연모 • 214
열쭝이 • 100
염 • 80
염통 • 142
오지랖 • 196
옹 • 96
옹골지다 • 125
옹골차다 • 125
옹글다 • 125
옹달샘 • 75
옹두리 • 96
외염 • 80
우듬지 • 113
우죽 • 113
워낭 • 96
윤똑똑이 • 173
으스름달 • 23
이내 • 56
이박기 • 234
이슬비 • 67
이즈막 • 10

입가심 • 200
입시 • 198
잉걸 • 129
잎샘바람 • 54

ㅈ

자국눈 • 69
자드락길 • 49
자린고비 • 176
자릿내 • 52
잔별 • 28
잠포록하다 • 61
잣눈 • 69
장다리꽃 • 109
잣감 • 81
재 • 52
재넘이 • 55
적바림 • 227
적발하다 • 227
조금 • 92
조금치 • 92
좃대 • 216
쥐코밥상 • 199

지르다 • 128
지름길 • 45
진솔 • 195
진솔집 • 195
진지 • 198
짬짜미 • 180
짱짱하다 • 131
찌 • 228
찔레꽃머리 • 88

ㅊ

차림표 • 203
찬물때 • 81
찬바람머리 • 90
철 • 86
첫물 • 195
초다짐 • 200
추레하다 • 96
치레거리 • 197
치사랑 • 165

ㅋ

칼국수 • 202
칼싹두기 • 202
칼제비 • 202

ㅌ

타래지다 • 96
터앝 • 35
털붙이 • 103
텃밭 • 35
톺아보다 • 222
틀국수 • 202

ㅍ

푸대접 • 34
푸새 • 108
푸서리 • 34
푸석살 • 141
풀갓 • 37
풀땜질 • 209
풀벌 • 33
풀치 • 104
풋낯 • 190
풋인사 • 190
풍계묻이 • 239
피우기 • 225

ㅎ

하늬바람 • 57
한껏 • 93
한길 • 43
한목 • 52
한무릎공부 • 229
한속 • 191
한올지다 • 191
함박눈 • 68
해거름 • 18
해껏 • 93
해넘이 • 15
해돋이 • 15
해포이웃 • 186
햇귀 • 13
햇무리 • 16
햇물 • 16
햇발 • 17
햇살 • 17
허방 • 47
헛가게 • 212
헤살 • 136
활개 • 140
휘갑쇠 • 216